재개발될 빌라
리모델링할 아파트

재개발될 빌라
리모델링할 아파트

초판 2쇄 발행   2022년 2월 22일

지은이   이관용
펴낸이   변선욱
펴낸곳   헤리티지
마케팅   변창욱
디자인   꿈지락

출판등록   2008년 7월 25일 제313-2008-120호
주소   경기도 고양시 일산서구 일현로 97-11 두산위브더제니스 105-601
전화   070-7817-8004
팩스   0303-3130-3011
이메일   latentman75@gmail.com
블로그   blog.naver.com/kinglib

ISBN   979-11-86615-56-0 13320

책값은 표지 뒤쪽에 있습니다.
파본은 구입하신 서점에서 교환해드립니다.

재개발될 빌라

법인과 개인 들이 몰려와
투자할 부동산은 따로 있다

리모델링할 아파트

이관용(엘디쌤) 지음

헤리티지
HERITAGE

2023~2024년
집값 절대 내려가지 않는다

2020년 집값이 6년 전보다 무려 56% 상승했다. 다주택자가 더는 주택을 사지 못하도록 대출을 옥죄고 조정대상지역 지정을 늘리며 수요억제책을 펼치던 정부는 기조를 바꾸고 3기 신도시와 2·4대책을 발표하며 공급 확대를 약속했다. 고양 창릉, 남양주 왕숙, 하남 교산, 부천을 신도시로 지정하고, 서울에 그것도 도심에 아파트를 공급하겠다는 고육지책이다.

일부 시장 참여자들은 '공급 폭탄'을 언급하며 이번에야말로 집값이 잡히리라는 기대감에 휩싸였다. 이즈음부터 많은 전문가를 인터뷰한 언론에서는 앞으로 3~4년 그러니까 이르면 2023년께부터 집값이 하향 안정화하리라는 뉴스를 경쟁이라도 하듯 쏟아내고 있다. 여러 지표가 이를 방증한다는 것이다.

다주택자나 투자자 수요를 억누르면 집값이 잡힌다는 단순한 생각에서 벗어나 공급을 확대해야 집값이 안정화되리라 여긴 점은 다행이다. 그러나 만시지탄일 뿐이다. 왜일까?

나는 이 책에서, 많은 전문가가 기대하는 그 시점에 절대 집값이 떨어지지 않는다는 명확한 근거를 보여줄 계획이다. 아마 실전 투자자의 관점을 엿볼 절호의 기회가 아닐까 싶다.

부동산 투자 초보 시절, 금리·유동성·대출·외화보유액·환율·심리 등 통계와 데이터를 보며 투자를 시작했었다. 그러나 이것들은 집값이 오르고 내릴지 속 시원하게 대답해주지 못했다. 수많은 통계와 데이터에 한계를 느끼며 내 힘으로 알 수 없는 것과 투자에 필요 없다고 생각하는 것들을 하나씩 버리기 시작했다. 다듬고 다듬어 다다른 해답이 '공급이 부족하면 집값은 오른다'라는 명제였다.

과거부터 지금까지 25번째 부동산 규제대책이 나왔는데 집값이 잡힌 역사는 찾기 어렵다. 규제를 강하게 하면 수요가 억제되고, 다주택자나 실수요자들이 집을 사지 못하는데도 집값만은 다른 자산과 달리 계속 올랐다. 공급 부족 말고는 다른 답이 나오지 않았다. 26번째 아니 그 이상의 규제가 나와도 공급 과잉이 오지 않는 한 집값은 내려가지 않을 것이다.

나는 공급이 많고 적음에 따라 집값이 결정된다는 확신을 품고 과감히 투자했고, 다른 요인들은 참고만 했다. 지금, 내게 경제적 자유를 안겨준 제1 투자 원칙이다.

내가 찾은 공급의 원리는 이렇다. '사람들이 원하는 지역에 원하는 주택 유형과 크기의 집을 충분히 공급하지 않으면 집값은 상승한다.' 실제 사람들이 들어가서 거주할 아파트가 부족하면 집값은 오를 수밖에 없다.

2020년 2월, 신종 코로나바이러스 사태가 터지고 나서 많은 사람이 이렇게 말했다. "경제는 어려워지고 주식도 폭락하니 부동산도 무사할 리 없고 집값은 떨어질 거야" 초보들은 이런 전망에 덜덜 떨었다.

나는 실제 공급이 나오지 않는 한 코로나가 터졌다고 집값을 하락시킬 수 없을 거라고 그들을 안심시켰다. 코로나는 시장에 장기적으로 영향을 미치는 요인이 아니라고 판단한 것이다.

모두가 공포에 떨며 매수를 주저할 때 평소 투자나 내 집 마련을 엿보고 있었다면 이때를 기회로 삼아 과감히 주택을 매수하라고 추천했다. 내 블로그나 카페에 당시 주장이 담긴 글이 있다. 잔뜩 겁먹던 초보들은 그때도 기회를 놓치고 말았다.

떠밀리듯 공표한 '공급' 대책은 정말 시장을 가라앉힐 요인임이 분명하지만, 디테일에서 악마를 놓치는 우를 범했다고 판단된다.

먼저 2018년부터 꾸준히 확대했어야 2021년 수도권에서 입주 물량이 나왔을 텐데 그러지 못했다. 2018년은 전국에 걸쳐 최고로 많은 입주 물량을 기록했지만, 분양은 점차 낮아지는 해이기도 했다.

그다음 2019, 2020년에도 분양은 계속 감소했다. 분양 후 입주까지 평균 3년이 걸리는데, 2021년부터 2023년까지 나올 입주 물량은 줄어드는 추세다. 앞으로 3년간 공급이 없다는 의미이다.

2021년부터 규제를 완화해 열심히 분양한다고 해도 2024년에나 입주가 나올 텐데 그때까지 '공급 공백기'는 무엇으로 채울 것인가? 앞으로 3년은 공급 부족으로 전세가는 물론 집값도 계속 오를 것이다.

경기도와 인천의 3기 신도시, 서울의 2·4대책에서 진짜 핵심은 청사진이 아니라 실현 가능성과 실제 공급이 언제 나오느냐다.

다수의 시장 참여자들은 다소 의외라고 할 수도 있겠으나, 3기 신도시의 경우 직접 들어가 살 수 있는 입주 물량은 2026~2027년은 되어야 가능할 것이다. 2·4대책으로 나오는 물량은 더 먼 얘기다.

착시는 대책의 요점을 헛짚은 데서 비롯된다. 이들 공급책은 2025년까지 입주를 완료하겠다는 의미가 아니라 이때까지 아파트 지을 땅을 확보하겠다는 말이다. 실제 입주까지 최소 5년은 걸리는데 2030년은 도래해야 새 아파트가 나올 것이다. 피부에 와닿는 집값 하락은 이때쯤 가능할 것이다.

수도권 부동산은 많은 사람의 기대와는 반대로 오랜 기간 상승할 수밖에 없다. 더불어 지방 부동산도 같은 흐름을 보일 것이다.

나는 책을 통해 멀고 먼 상승장에서 '나만 가난해지는 것 같은' 소외감과 박탈감에서 벗어날 투자의 맥과 방법을 친절하게 가르쳐줄 것이다. 집값이 크게 오를 때면 등장하는 부동산 하락론자들과 언론의 공포감 조성에 부화뇌동한 사람치고 부자가 된 이가 없다는 사실을 가슴에 새겨야 한다.

이 자리를 빌려 나와 결혼해 행복을 가져다준 사랑하는 아내 박지선과 장인어른, 장모님 그리고 부모님께 출간에 붙여 감사의 마음을 전한다.

3. 오래된 빌라(썩빌), 리모델링,
지방 아파트로 돈이 몰린다

4. 썩빌과 리모델링 실전 투자법

5. 지방 아파트 갭 투자 가이드

6. 10년 차 전문가의 100% 성공 매매법

1

하락에 베팅한
전문가에 속지 마라

서울이 공급 폭탄이라는
허구

서울 아파트가 2023~2024년 여러 이유로 하락하리라고 보는 부동산 전문가들이 있다. 그중에서 지금 서울 아파트가 가처분소득 대비 가장 고평가 구간에 있고 과거 고점보다 30% 정도 높다는 주장이 눈에 선뜻 들어온다.

이뿐만이 아니다. 그 기간에 재건축·재개발로 입주 물량이 쏟아진다는데 그러면 집값은 떨어지지 않겠냐는 것이다.

이러니 내 집 마련을 앞둔 실수요자들은 걱정이 이만저만 아니다. '영끌'은 하지 말라는 충고를 듣고 기다려야 할지 반대로 더 오른다는 사람 말을 믿고 비싼 가격이지만 지금이라도 과감하게 매수해야 할지 헷갈린다.

정부 정책 또한 2021년 4월, 서울시장 선거 후 규제 완화에 대해

오락가락하는 통에 혼란은 더 가중된다. 사이다처럼 시원하고 명쾌한 답은 없을까?

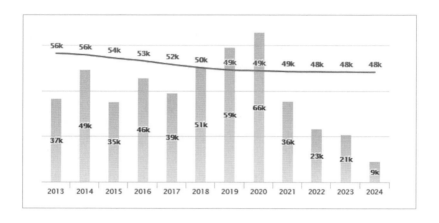

　위 표는 서울의 입주 물량과 수요를 나타낸다. 막대그래프는 입주 물량이고 가로줄은 수요(서울 인구수×0.005)다. 여기서 수요는 믿지 말고 참고만 하자. 부동산 투자에서 적정수요를 아는 건 불가능하다.

　공급이 적정한지로 아파트 가격을 예상할 수 있다. 서울의 매년 적정공급물량 수준은 약 5만이다. 5만 이상이면 공급 과잉이고, 5만 미만이면 공급 부족이라고 보면 된다. 서울의 2021년 입주 물량은 약 3만6천 가구로 여전히 공급이 부족해 아파트 가격은 오르는 상황이다.

　2021년부터 입주 물량이 3만6천 호로 감소하고, 전문가들이 말하는 정비사업으로 공급이 늘어난다는 2023년에는 2만1천, 2024년에는 9천 호가 예정돼 있다. 이처럼 적정 공급량인 5만 호 밑을 맴돌며 공급 부족으로 아우성치는데 어떻게 공급이 늘어나 집값이 하락한다고 말할 수 있나?

2018년 1월부터 시행한 재건축초과이익환수제로 2017년 말로 앞당겨 무리하게 관리처분인가를 받은 강남 사업장들이 많았고 이 물량들이 앞으로 입주 예정인 것은 맞다. 그러나 그 규모는 예상만큼 크지 않다. 한편 강남이라는 지역에서 입주 물량이 나오면 정말 공급 증가 효과를 내서 집값을 떨어뜨릴 방아쇠가 된다고 장담할 수 있을지 묻고 싶다.

공급은 크게 두 곳에서 나온다. 하나는 신도시/택지지구, 다른 하나는 구도심 정비사업에서다. 이 중에서 100% 공급 증가 효과를 내는 것은 신도시 입주 물량이다.

강남에서 정비사업으로 나오는 물량에는 조합원과 일반 물량이 있다. 조합원 물량은 시장에 공급 증가 효과가 없다. 기존에 살던 사람들 몫일 뿐이다. 시장에 공급물량이라 할 일반물량은 약 30%로 신도시와 비교하면 상당히 낮다.

이 30% 공급이 나온다 한들 공급 과잉이라고 호들갑 떠는 게 가당키나 할까. 하물며 강남의 경우 30% 공급을 만들려면 반드시 70%의 멸실을 내야 한다. 기존 낡은 아파트를 부숴야 새 아파를 만들 수 있기 때문이다. 정비사업을 하면 할수록 멸실이 더 크게 일어나니 순증가 물량은 더 적어진다.

2023~2024년에 나올 물량이 많다는 지적이 아예 틀리지는 않는 다. 하나 간과한 지점이 있으니 2021~2023년까지 서울의 공급 부족 현실이다. 이건 왜 고려하지 않는지 궁금하다.

평소처럼 매 끼니 먹을 때와 이틀간 굶다가 밥을 먹으면 언제 배부름을 빨리 느낄까? 굶다가 밥을 먹으면 평소보다 많이 먹어도 배가 불렀다고 잘 느끼지 못한다. 최소 2년간 보릿고개처럼 공급 공백기가 오다가 잠깐 공급이 늘어나도 시장 참가자들은 절대 공급이 많아진다고 체감하지 못한다.

강남에서 입주할 아파트들이 완성된다고 하자. 이곳에 투자로 접근하는 사람들은 얼마나 될까? 세금이 무겁고 2년 이상 거주해야 비과세 요건과 장기보유특별공제 등 혜택이 주어지므로 이런 비싼 아파트에 입주하면 세를 놓을 사람들은 많지 않고 대부분 실입주자일 것이다.

입주를 시작하면 보통 다주택자들 매물이 전세로 나오고 전세가가 일시적으로 하락하지만, 법이 바뀌어 2년 실거주 요건이 생긴 후로 상황이 달라졌다. 입지 좋은 강남에서라면 입주 시점이라도 전세 매물은 생각만큼 나오지 않아 전세가가 과거처럼 하락할 일이 없다. 매매가도 덩달아 내려가지 않는다. 만약 다주택자로 똑똑한 한 채는 서울에,

나머지 1~2채를 경기도와 인천에 가지고 있다면 서울에서 실거주 2년 하고 비과세하는 게 더 큰 수익이 난다. 이러면 다주택자로서는 경기도와 인천의 주택을 매도할 것이다. 서울을 걱정할 게 아니라 경기도나 인천 집값이 내려갈 걸 염려하는 편이 맞다. 하물며 경기도 인천보다 더 걱정되는 곳은 지방 소도시다.

PIR는 한물간 지표

"PIR 지표를 봤을 때 a 아파트가 고평가라 나오는데 팔아야 할까요?"

수강생 중 한 분이 이런 질문을 던졌다. 이 이야기에 미간이 찌푸려진 건 최근 이 지표가 자주 등장하면서부터다.

PIR(Price to income ratio)는 소득 대비 집값 비율을 말한다. 도시근로자 2인의 소득과 집값을 비교해 10년 치 평균보다 현재 집값이 높으면 고평가, 낮으면 저평가됐다는 뜻으로 이를 매수, 매도의 가늠자로 삼는다.

나도 투자 초기, 이 방법을 처음 알았을 때는 무척 신기했다. 그럴수밖에 없는 것이 이 지표 하나로 평균 대비 집값이 낮으면 집을 매수하고, 높으면 매도하면 되니까 얼마나 든든한가.

그러나 PIR엔 큰 위험이 도사리고 있다. 이 지표를 들고 당시 소유하고 있던 분당 한솔 청구 아파트를 분석했다.

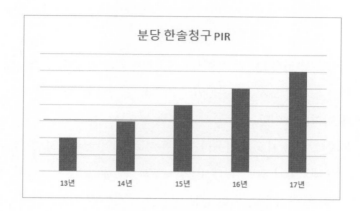

굵은 가로 줄이 PIR의 10년간 평균으로 막대그래프가 가로 선보다 높으면 고평가된 아파트이며 비싸졌다고 판단하는 것이다. 이 통계만 보면 2017년에 이 아파트는 거품이 끼고 비싼 상태로 매도했어야 한다. 이때 한솔청구 아파트가 고평가 구간에 있어 이제 내려갈 일만 남았으니 빨리 매도해야 하나 정말 고민했던 기억이 난다.

만일 이때 고평가로 판단해 집을 매도했다면 땅을 치고 후회할 뻔했다. 이후에도 집값은 계속해서 고공행진을 했기 때문이다. 이 아파트는 2017년 당시보다 약 2배가 올라 있다. 그땐 '분당 집값이 여전히 싸고 가치가 있어 앞으로 더 오를 거다. 만일 떨어지면 내가 들어가서 살면 되지'라는 생각으로 매도하지 않았었다.

지금도 이 아파트를 PIR로 평가하면 과대평가돼 있고 절대 매수해서는 안 되는 아파트로 나온다. 그런데도 집값은 계속 올라가고 있다.

PIR가 절대적이지 않은 이유가 있다. 지역과 동네마다 소득이 천차만별인데 전체 도시근로자 2인의 소득으로 집값을 판단하니 평균의 오류에 빠지는 것이다.

투자에서 이 지표를 활용하지 않은 지 오래인데, 아직도 이 지표로 아파트를 매도할지 판단하는 사람들이 많다는 데 놀라움을 금치 못했다. 강의하는 사람들이 이런 전문 지표를 소개하면 초보들은 정말 신기해하며 마치 천군만마를 얻은 것처럼 느껴진다. 그러나 어느 정도 지식과 경험이 쌓이면 PIR 같은 지표는 무용지물임을 알게 된다. PIR로 부동산 시장을 논하는 사람이 있다면 초짜네 생각하고 상대하지 않는 편이 이롭다.

심리는 이성적으로 작동하지 않는다. 소득의 몇십 배가 되는 집값이라고 사람들이 집을 매수하지 않는 것은 아니다. 당장 전세가가 올라가며 시장에 전세 매물이 없어 살 집 구하기가 어려워지고 계속 오르는 집값을 보면 사람들은 자기 소득보다도 훨씬 비싼 집이라도 사고야 만다.

사람들은 소득은 오르지 않는데 집값만 많이 올라 거품이 꼈다고 생각한다. 그러나 그동안 시장에 풀린 돈의 양을 고려해야 한다.

10원 하는 빵이 있다. 그런데 정부가 인쇄기로 돈을 더 찍어내서 시장에 기존보다 2배의 돈이 풀렸다고 가정하자. 그럼 10원짜리 빵 가격은 20원으로 오르고 20원을 줘야 빵을 살 수 있게 된다. 자기 소득은 하나도 늘지 않았는데 빵값이 20원으로 올랐으니 비싸다고 투덜대면서 더는 빵을 사 먹지 않을까? 만일 빵이 많지 않고 빵을 먹지 않아 굶을 거로 생각하면 사람들은 20원이라도 빵을 산다.

가격만 보고 집값이 고점이니 상투니 하는 말의 근거는 대체 무엇일까? 그저 과거 3억 하던 집값이 6억이 되니 너무 많이 올랐고 고점 같아 보인다.

3년 전에도 30평대 5억이던 서울 아파트가 7억이 되었을 때 전문가들은 하나같이 너무 많이 올라 비싸다고 했다. 그러나 현재 서울의 30평대 아파트 평균 가격은 10억이다. 7억이 됐을 때 비싸다고 매도하라는 전문가 말을 듣고 팔았던 사람들은 지금 땅을 치고 후회한다.

가격을 보고 더 오를지 말지, 상투 잡는 건지 우리는 알 수 없다. 지금 10억이라는 아파트값이 과거보다 5억이 올랐다고 해서 더 오르지 못하고 멈추리라는 법은 어디에도 없다.

2023~2024년에 서울 집값이 과대평가돼 조정되리라 전망하는 것

도 같은 이치다. 상황을 더 지켜봐야 명확히 알 수 있겠지만, 현재로선 이 시점이 변곡점이 될 확률은 거의 없다.

서울에 내 집 마련을 고민하고 있다면 비싼 가격이라도 과감히 매수해야 한다. 만약 2024년에 하락이 온다고 해도 앞으로 2~3년간 계속 오르는 집값을 참고 기다릴 강심장이 있을까? 지금 사서 2억 오르고 만일에 하나 2024년 이후 하락이 와서 1억쯤 떨어진다고 해도 오늘 내 집 마련하는 것이 현명하다.

하락장이 오면 1억이 떨어질지 2~3억이 떨어질지 어떻게 아냐고 따져 물을지 모르겠지만, 아직 상승 기간이 많이 남아 오를 여지도 크고, 상승 폭보다 하락 폭이 그다지 크지 않으리라 장담할 수 있다.

만약 진짜 하락장이 와서 부동산 가격이 떨어지면 그때도 어차피 집값이 더 떨어질까 봐 집을 사지 못할 게 뻔하다.

내 집을 마련한다면 감당할 수준에서 최대한 좋은 물건을 사기 바란다. 현금이 있다면 이왕이면 로열 동, 로열 층이나 신축급. 현금이 부족하거나 없다면 구축 중에서 중대형에서 사라.

집값과 심리는 통계나 데이터대로 움직이지 않는다. 그래서 투자 시장에 상승과 하락이 생기고 돈을 벌거나 잃는 사람이 생긴다.

통계를 내서 거품이라면서 집값이 하락할 거라 떠들어주면 나 같은 투자자들은 감사 인사를 건넬 것이다. 이런 사람들도 있어야 우리가 집을 사서 수익을 낼 수 있으니까. 모두 오를 거라고 말하면 아무도 집을 팔려고 하지 않을 것이다.

임대사업자 매물은
손바뀜 현상일 뿐

2018년 4월 1일까지 5년 단기임대주택을 등록하면 당시 국토부 장관이 세금 혜택을 많이 준다고 해서 이 무렵 많은 다주택자가 임대 등록을 했었다.

내 수강생들도 임대등록 하면 어떠냐고 많은 문의를 해왔고, 실제 등록도 많이 했다. 이때 수강생들에게 5년 단기 임대등록은 괜찮지만, 10년 장기 임대등록은 하지 말라고 조언했다. 10년 후엔 부동산 시장이 어떻게 될지 알 수 없고 하락이 올 확률이 높다고 생각했다. 시장이 좋지 않으면 매도하기도 어렵고 가격도 떨어져 세금이 아니라, 집값 하락이 더 큰 문제로 대두된다.

2018년에 단기임대로 묶은 다주택자들이 5년 후인 2023년쯤 임대 기간이 만료돼 집을 한꺼번에 시장에 내놓으면 매물이 일시적으로 늘어나 집값이 떨어지리란 예측이 있다. 사실일까?

만일 임대사업자들이 모두 시장에 매물을 내놓으면(그럴 일은 없겠지만) 수급 법칙에 따라 수요보다 공급이 늘어나니 일시적으로 가격조정이 일어날 수는 있다. 그러나 이는 말 그대로 일시적일 뿐 시간이 지나면서 갑자기 늘어난 매물은 하나씩 소진돼 가격은 다시 안정세로 돌아선다. 즉 임대 주택 매물은 단기요인일 뿐 상승장에 있는 시장을 하락으로 접어들게 하지는 못한다.

기존 단기임대사업자들이 전세나 월세를 준 집 a는 새로 만든 아파트가 아니라 기존 집이다. 원래 있던 a라는 아파트에 세입자가 전·월세로 살다가 2023년 만기로 이 아파트를 중개소에 내놨다고 하자. 만일 새 매수자가 이 아파트를 사서 실제 입주한다면 어떤 의미가 될까?

새 아파트로 공급을 늘린 게 아니라 그저 전세에서 매매로 점유 방법만 바뀐 것이다. 3명이 총 10만 원을 들고 도박을 한다고 하자. 누구는 돈을 따고 누구는 돈을 잃었을 것이다. 이때 돈의 총량인 10만 원은 변하지 않는다. 돈의 손 바뀜만 있었을 뿐이다. 임대매물이 시장에 나온다 한들 새 아파트를 공급하는 것이 아니기 때문에 공급 증가 효과는 없다.

임대차 3법 덕에 5년 임대 기간이 끝났다고 해서 기존에 살던 세입자에게 집을 팔아야겠으니 당장 나가라고 할 수도 없다. 세입자로서는 이제 4년간 살 수 있어 만기가 되도 계속해서 전세를 유지할 수 있으며 2023년에 다주택자의 임대만료 매물이 쏟아질 일도 실현되지 못할 것이다.

2023년 임대사업 기간 만료쯤 집값이 계속 오르는 상황이라면 다주택자들은 집을 매도하지 않을 것이다. 이들 사업이 만료돼 너도나도 집을 팔 거로 전망하는 건 자신이 실제 다주택자가 아니거나 투자자가 아닌 데서 오는 착각에 지나지 않는다.

한편, 다세대, 오피스텔 임대사업자도 강제 말소하겠다며 정책을 내놓았다. 다주택자가 가진 다세대와 오피스텔 물량이라도 시장에 내놓아서 거래물량이 늘리려는 목적인데 처방전이 영 시원찮다.

가격이 크게 오르는 대상은 아파트다. 값이 뛴 이유는 다주택자들이 가진 아파트가 시장에 나오지 않아서다. 다세대와 오피스텔은 이미 시장에 물량이 부족하지 않다. 만일 시장에 아파트 외의 주택들이 많아지면 주택값은 수급에 따라 내려갈 확률이 높아진다. 다세대주택, 오피스텔 가진 다주택자는 힘들어질 수 있다.

하루는 결혼을 앞둔 젊은 여자 수강생이 하소연을 해왔다.

수강생 저 이번에 결혼하는데 신랑이 신축 빌라에서 신혼생활 하자고 해서 걱정이에요. 저는 아파트에서만 살아서 빌라에서는 죽어도

살기 싫거든요.

나 *돈이 없으면 작은 데서 시작하는 것도 하나의 방법이죠. 아파트 좋은 거 알지만, 돈이 없으면 어쩔 수 없는…*

수강생 *어휴, 절대 싫어요. 아파트에 전세도 살 돈이 없는 남자랑 결혼해야 하는지 솔직히 고민됩니다. 빌라는 거주환경이 너무 안 좋아서 매매는 물론이고 전세로도 살기 싫어요.*

젊은 사람들은 대부분 빌라보다 아파트에 거주하고 싶어 한다. 단순히 품질 때문만은 아니다. 요즘 짓는 빌라도 아파트 못지않지만, 아파트를 더 선호하는 이유는 관리가 잘되고 살기 편하며 주변 환경이 깨끗해 주거 만족도가 높기 때문이다. 골프장, 헬스장, 맘 카페, 도서관 등 커뮤니티가 잘 형성되어 있다.

빌라를 아무리 품질 좋게 만들어도 아파트가 되진 못한다. 품질을 좋게 만들면 반드시 원가가 높아지기 마련이다. 애초 빌라 하나 만드는데 원가가 1억이고 매매가는 2억이라고 가정하자. 1억은 남겨야 하는데 품질 높인다고 원가를 1억5천으로 높이면 이익은 5천으로 줄어든다.

과거 전세자금 대출이란 게 없었을 때는 신혼부부들이나 현금 없는 사람들이 빌라에 들어가 살았다. 그러나 전세자금 대출이 잘 나오면서부터 주거 여건이 올라가고 사람들 눈이 높아졌다. 1억짜리 전세 아파트가 있고 당장 3천만 원밖에 없다면 과거에는 그 아파트에서 살 수 없었겠지만 이제 전세자금 대출로 현금이 부족해도 아파트에서 살 수 있게 돼 빌라에 들어갈 이유가 사라졌다. 아파트 선호도를 높인 주원인은 전세자금 대출이 한몫했다.

한국에 집이 부족하다는 모순 같은 말이 사실인 것은 빌라나 오피스텔이 아닌 아파트 부족 때문이다. 아파트가 부족해 전세난이 생기고 전세가가 오르는 상황이다. 빌라는 이미 많은 데다가 이를 아무리 더 지어서 전세 매물로 내놓는다 한들 아파트 전세난을 잡을 수 없다. 따라서 아파트 전세 부족으로 상승하는 전세가를 잡을 유일한 방법은 아파트를 많이 공급해서 전세 매물이 많이 나오도록 하는 것뿐이다.

아파트는 다주택자들이 시장에 매물을 내놓지도 않지만 그런다고 해도 중장기적으로 집값에 영향을 주지는 못한다. 다시 한번 말하지만 새 아파트 공급이 아니기 때문이다.

다세대와 오피스텔은 조심해서 접근하자. 아파트와 달리 공급이 부족하지 않다. 여기에 다주택자들이 임대사업자 강제 말소당해 시장에 내놓는 거래매물이 늘어나면 가격은 하락할 수 있다.

3기 신도시, 2·4대책을 물고 늘어지는 장애물

국토부의 3기 신도시 입주 계획은 2023~2024년이다. 총 공급 규모는 약 17만3천 가구에 달한다. 2·4대책에서 계획하는 공급은 3기 신도시보다 많은 약 61만 호다. 이 둘을 합치면 78만 가구로 충분히 집값을 잡을 공급량임이 분명하다.

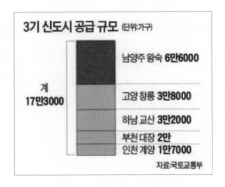

3기 신도시 공급 규모 (단위:가구)

계 17만3000

남양주 왕숙 6만6000
고양 창릉 3만8000
하남 교산 3만2000
부천 대장 2만
인천 계양 1만7000

자료:국토교통부

< 대책 주요내용 >

□ 금번 대책을 통해 '25년까지 수도권 약 61.6만호(서울 약 32만호) 및 지방 약 22만호 등 "총 83.6만호 신규 부지"를 확보할 계획입니다.

• 금번 대책에 따라 신규 확보되는 서울 32만호는 분당 신도시 3개 규모

< 공급 부지확보 물량('21~'25) 추계치 총괄 >   (단위 : 만 호)

	총계	정비사업	도심공공주택복합사업			소규모	도시재생	공공택지	비주택리모델링	신축매입
			역세권	준공업	저층주거					
계	83.6	13.6	12.3	1.2	6.1	11	3	26.3	4.1	6
서울	32.3	9.3	7.8	0.6	3.3	6.2	0.8	-	1.8	2.5
인천경기	29.3	2.1	1.4	0.3	1.3	1.6	1.1	18.0	1.4	2.1
5대광역	22.0	2.2	3.1	0.3	1.5	3.2	1.1	(광역)5.6 (지방)12.7	0.9	1.4

자료: 국토교통부

저 발표에 정말로 격렬한 논쟁이 벌어졌다. '이번에는'과 '이번에도'라는 정반대의 반응이 불꽃을 튀겼다. 이 대책을 보는 실전 투자가는 어느 쪽에 손을 들어줄까?

한마디로 '계획은 계획일 뿐이다'라는 말이 정답이다. 실제로 시장에서 실현될 가능성이 희박하다는 데 방점을 찍는다.

먼저 이 계획의 맹점은 주민 의견도 청취하지 않고 동의도 받지 않았다는 데 있다. 2021년 터진 LH 사태로 공급계획에 차질이 생겼고 토지소유자들은 이를 불신해 협조하지 않고 있다. 아파트를 지으려면 땅을 확보한 뒤 착공해야 하는데, 땅을 확보하는 과정에서부터 진행이 막히니 입주는 멀어져 버린다.

위 기사들은 보면, 3기 신도시 중 인천 계양과 하남 교산만 토지
보상을 진행 중이고 나머지는 잘 진행되지 않은 채 가로막혀 있다.

토지 보상을 진행 중인 이 두 지역도 공급한다고 말을 꺼냈으니 본
보기로 아파트는 만들어야 해서 몇 개 단지는 입주할 수 있으나 처음
계획한 30만 호는 실현되기 어렵다고 판단된다. 또 다른 기사를 보자.

　　2021년 6월 4일 정부과천청사 유휴용지에 공공주택 4천 가구 공급계획이 주민의 반발로 무산됐다는 내용이다.

　　국토부가 여당 압박으로 공급대책을 부랴부랴 내놨는데, 2022년 대선에 지방자치단체장 선거를 앞두고 여당과 지자체장들이 주민들 의견에 동조해 기존 계획을 취소하는 어이없는 촌극이 벌어진 것이다.

　　과천 주민들이 극렬히 반대하고 과천시장의 주민소환까지 거론되자 정부가 백기를 들었다. 주민과 소통 없이 집값 상승의 공포에 휩싸여 임시방편으로 대책을 내놓아 이런 결과가 초래됐다.

　　주민 반대로 공급이 취소된 사태를 본 태릉CC(1만 가구)와 서부면허시험장 용지(3,500가구), 상암DMC 용지(2,000가구) 주변에 사는 주민들 사이에서도 벌써 반대 목소리가 나오고 있다.

　　과천은 주민들 의견대로 해주면서 형평성 문제로 다른 곳 주민들 의견을 무시할 수는 없다. 정치인들에게 표는 생명인 탓이다.

　　예정된 선거 탓에 그들은 주민들 반발이 두려워 2·4대책으로 발표된 곳과 3기 신도시의 일부 공급을 중지 또는 취소할 확률이 높다.

공급 차질 없다?…상반기 1만가구 공급한다더니 계약 2300가구 뿐

기사입력 2021-05-06 14:14 | 최종수정 2021-05-06 14:38 💬 0

한국에서 부족한 주택은 원룸도 빌라도 오피스텔도 아닌 새 아파트다. 그것도 가로주택정비사업 등으로 만든 집이 아니라 환경과 입지가 좋고 커뮤니티 시설을 갖춘 3인 가족 이상이 살 수 있는 크기의 아파트다.

정부의 헛발질 중 하나는 1인 가구 수가 증가하는데 그만큼을 공급하지 못해 집값이 올랐다는 판단에서 비롯됐다.

이들은 대부분 집을 매수하지 않고 전·월세로 산다. 1인이 살 만한 주택은 넘쳐나는 실정이다. 하물며 위 기사가 지적하듯이 계약률이 떨어지는 것은 1인 가구조차 정부가 공급하는 주택을 외면한다는 방증이다.

수도권의 적정 공급량은 매년 경기도 15만, 서울 5만, 인천 2만 호다. 약 20만 호가 매년 나와야 하고, 3년간 계속해서 쌓여 총 60만 호가 공급되어야 수도권 부동산이 정점을 찍고 하락장으로 접어든다.

3기 신도시에서 나오는 총 공급은 5년간 30만 호뿐이다. 매년 약 20만 가구 이상이 나와야 하는데 5년 동안 찔끔찔끔 입주를 내놓는다니 실효성은 커 보이지 않는다.

3기 신도시가 착착 실행돼 약 5년 후 한꺼번에 입주가 쏟아져 나오는 동시에 2·4대책으로 서울 도심의 공급이 실현되지 않으면 집값은 꺾이지 않는다.

만약 서울시장의 규제 완화로 서울에 민간 정비사업 공급이 많아진다고 해도(이것도 불가능하지만), 이 물량만으로 수도권 집값을 잡는 데는 역부족이다.

2·4대책의 기시감이 느껴지는 과거 사례가 있다. 인천시가 주도해 진행한 루원시티 사업이 그것이다. 2008년도 뉴스 기사를 보자.

"인천서구 루원시티의 개발과 관련, 개발구역 주민들이 시의 보상, 이주대책에 반발하고 있다.

가정동 연합 대책위원회는 재정착 대상 집주인에게 주어질 아파트의 경우, 최소 전용면적 85㎡까지 건설 원가로 공급해야 한다며 이를 인천시가 받아들이지 않을 경우 다음 달 5일 대규모 집회를 열 계획이라고 22일 밝혔다.

인천시는 지난달 17일 루원시티 조성사업 보상과 관련한 대책을 발표하고 사업지구 발표일인 2006년 5월 24일 이전부터 집을 갖고 살고 있는 주민들에 대해 이

지역과 가정택지지구 내 60㎡ 이하 일반아파트를 분양 원가로 주기로 했다."

루원시티가 개발될 곳에 살던 원주민에게 60㎡ 이하의 일반아파트를 분양 원가로 주기로 하며 사업을 진행했다. 사업 초기 원주민들은 이에 동의하고 자기 소유 땅을 시에 현물로 선납했다.

그러나 시간이 지나 원주민들은 '60㎡는 너무 작다, 85㎡ 집에 살고 싶다'며, 인천시에 85㎡ 아파트를 원가로 달라며 집회를 열겠다고 했다. 인천시는 85㎡를 원하면 돈을 더 내라고 주장했다.

루원시티는 공공주도 개발방식의 맹점을 드러낸 사례다. 위 뉴스의 포인트는 '집회'다. 사업 주체가 조합원들 자신인 민간 재개발에서는 시위나 집회의 여지가 없다. 그러나 공공주도 사업에서 주체는 공공이다. 주민들에게는 불만을 토로할 대상이 있다. 민원을 넣으면 들어줄 수 있다는 기대감이 생긴다.

문제는 다른 사업장이다. 해당 사업장에서 주민들 요구가 관철되면 과연 다른 사업장들은 가만히 있을까? 다른 사업장 원주민들도 똑같이 요구하며 집회를 하게 된다. 너도나도 보상해주다 보면 원가는 늘어나고 수익은 줄어 사업성이 악화한다. 최악의 경우 사업이 지체되고 그러다 부동산이 하락장으로 접어들면 사업은 물거품이 된다.

2006년에 용산국제업무지구 개발 이야기가 나와 사업을 시작하고

1. 하락에 베팅한
전문가에 속지 마라

나서 2009년 부동산 시장이 하락하면서 사업은 중지되고 무산된 적이 있다. 그러다가 또 부동산이 상승장에 들어서니 사업을 재개한다는 기사가 나온다.

상승장 때는 개발이 잘 진행되다가 하락장을 맞으면 사업성이 낮아지고 분양이 되지 않아 멈춘다. 예측 한 번 해볼까? 용산 사업도 부동산이 오르고 내릴 때마다 중단과 재개를 반복할 것이다.

수도권에서 수요 따지면
아마추어다

부동산 위기를 논할 때면 늘 인구 수를 들먹인다. 인구가 줄어드는데 웬 부동산 투자 타령이냐는 것이다. 그러나 이 접근방식은 늘 틀려왔다.

인구가 줄어 타격을 준다고 해도 당장은 아니다. 인구통계를 보면 인구는 2027년 이후부터 급격히 감소한다.

집을 매수하는 수요는 만 30세 이상이다. 2028년에 태어난 아이들이 성인이 돼 집을 마련할 때는 거의 2058년 언저리다. 집 살 수요가 실제로 줄어드는 시점은 30년 후에나 일어날 일이다.

최근 약간 변형된 말이 들려온다. 결혼 10년 차 부부가 부동산 실수요자인데 이 숫자가 줄어 집 수요도 감소한다는 것이다. 이 말이 얼마나 형편없는 소린지 살펴보자.

먼저 주택 구매의 가장 큰 실수요자는 결혼한 지 10년 차 부부가 아니다. 아래 표를 참조하자.

지역	매입자 연령대	2020. 12
전국	매입자 연령대별_ 합계	106,027
	20대 이하	7,098
	30대	29,079
	40대	28,824
	50대	19,687
	60대	12,807
	70대 이상	6,078
	기타	2,454

전국 아파트 매입자 연령대를 보면 30대, 40대가 제일 많기는 하지만 이들만 집을 매수하는 게 아니다. 50~60대도 집값이 계속 오르고

돈을 벌 수 있다고 판단하면 내 집은 물론 추가로 몇 채를 더 매수한다. 한 가구에 꼭 집 하나만 산다고 생각하면 오산이다. 돈만 벌 수 있다면 남녀노소 할 것 없이 다 집을 매수한다.

통계에서 보듯이 아파트를 매입하는 연령대는 다양하다. 결혼 10년 차 부부만 아니라 20대 이하도 아파트 매입 건수가 적지 않음을 알 수 있다.

몇몇 주장대로 이들이 25평대 집을 마련했다고 하자. 그들은 시간이 지나도 계속 이 평형에 머물러 살까? 아이를 낳는 등 더 큰 평형대로 업그레이드 욕구가 생기며 중대형 수요로 변하는 게 이치다.

그리고 10년 차 부부가 집을 샀는데 집값이 오르고 여윳돈이 생기면 실거주 주택 외로 집을 더 사야겠다는 욕구가 생긴다. 규제가 강화됐지만, 일시적 2주택 비과세전략은 아직도 유효하다. 1주택을 마련하고 더 좋은 지역과 아파트의 집을 1년 후에 전세 끼고 매수해 놓고 나서 두 번째 주택에 들어간 후 첫 번째 주택을 매수하면 비과세된다.

집을 사서 집값 오르는 재미를 본 사람들은 집 한 채 사는 데 그치지 않고 다른 수를 동원해서 계속 주택을 매수한다. 한 가구가 2주택, 3주택자가 될 수 있는데 어떻게 10년 차 부부의 숫자가 줄어든다고 앞으로 수요가 감소해 집값이 하락한다고 말할 수 있는지 이해하기 어렵다.

적어도 수도권에서 수요를 논할 땐 '그 지역 인구수×0.005'를 따지면 곤란하다. 수도권에서 지역 인구수를 따지는 건 통하지 않는다. '전국구'라서다.

부동산 투자의 수요는 특별한 점이 있으니 집값이 오르면 수요가 늘고, 집값이 내리면 있던 수요도 없어진다는 사실이다.

교통 호재는 고장나 깜빡이는
전등이다

'GTX나 신안산선이 개통되면 서울 접근성이 좋아지니 굳이 서울에 집을 매수하지 않아도 되고 수요가 분산된다.' '교통 호재의 완공 시점부터 집값이 하락할 확률이 높다.'

지하철 건설 등 교통 호재와 관련한 집값 전망이 심심치 않게 보인다. 일산신도시 킨텍스 쪽 아파트들이 GTX 호재로 3억 이상이 올라 일산에서 제일 비싼 가격대가 됐다. 파주 운정 신도시 또한 그 라인 아파트들 가격이 뛰었다.

지하철 개통이 시장에서는 확실한 호재이지만, 시점이 리스크로 작용한다. 2023년에 GTX-a, 2024년 신안산선이 개통한다고 못을 박아 놓고 그 영향으로 집값을 예측한다는 건 위험천만한 발상인 것이다.

신안산선의 개통 완료 시점은 국토교통부 계획에 따르면 2024년이다. 여태 대한민국 교통을 관장한 부처에서 사업을 계획한 대로 완료한 역사를 본 적이 없다면 너무 과장된 표현인가?

처음 신안산선 이야기가 나오고 가시화한 시점은 2000년대 초반으로 거슬러 올라간다. 2003년에 신안산선 이슈가 등장했는데 부동산 하락장에 부닥쳤다. 사업은 한 차례 지연된 뒤 2019년에야 비로소 착공하고 2024년에 개통 예정으로 발표된 것이다.

연혁 [편집]

- 2003년 4월 ~ 2003년: 예비타당성 조사
- 2006년 6월 ~ 2007년 12월: 타당성 조사 및 기본계획
- 2008년 12월 ~ 2009년 12월: 신안산선 지역갈등 해소방안 연구용역
- 2010년 4월 ~ 2010년 9월: 타당성 재조사
- 2010년 12월 15일: 기본계획 고시[1]
- 2011년 3월 ~ 2012년 12월: 노반 기본 및 실시설계
- 2013년 7월 ~ 2015년 8월: 민자사업 타당성 분석
- 2014년 9월 ~ 2015년 12월: 타당성 조사 및 기본계획 변경 용역
- 2015년 9월 ~ 2016년 2월: 시설사업 기본계획 수립
- 2016년 10월 13일: 민자사업지정 및 시설사업기본계획 고시
- 2016년 12월 23일: 시설사업기본계획 재고시
- 2017년 12월 12일: 시설사업기본계획 변경 재고시
- 2018년 2월 23일: 넥스트레인 우선협상대상자 선정
- 2018년 12월 12일: 민간투자사업심의위원회 통과
- 2018년 12월 27일: 실시협약 체결식
- 2019년 9월 9일: 착공[2]
- 2024년: 개통(예정)

출처: 나무위키

GTX 노선 중에서 a를 보자. 정부는 GTX-a를 2023년에 개통하
겠다고 발표했다. GTX-a도 처음 등장한 시점은 2009년이다. 약 10년
뒤인 2018년 12월에야 마침내 첫 삽을 떴다.

연혁 [편집]

- 2009년 6월 : 타당성 조사
- 2011년 4월 4일 : 제2차 국가철도망구축계획 수립 및 고시
- 2011년 11월 ~ 2014년 2월 28일 : 예비타당성 조사
- 2014년 6월 ~ 2016년 6월 : 타당성 조사 및 기본계획 용역 시행
- 2016년 1월 ~ 2017년 4월 : 민자적격성 조사
- 2016년 10월 ~ 2017년 11월 : 파주연장선 예비타당성 조사
- 2017년 4월 ~ 2017년 12월 : 시설사업 기본계획 수립
- 2017년 12월 29일 : 민자사업지정 및 시설사업기본계획 고시[3]
- 2018년 5월 1일: 신한은행 컨소시엄인 SG레일 우선협상대상자 선정[4][5]
- 2018년 12월 12일: 민간투자사업심의위원회 통과[6]
- 2018년 12월 19일: 국토교통부에서 3기 신도시와 함께 수도권 광역교통망 개선대책 발표. 수도권
  광역급행철도 A노선의 삼성~운정 구간을 2018년 12월 내로 착공하기로 함.[7]
- 2018년 12월 27일: 삼성~운정 구간 착공식[8]

출처: 나무위키

신안산선이나 GTX-a를 앞으로 3~4년 뒤에 개통하겠다는 말은
곧이곧대로 믿을 수 없다. GTX-a의 준공 완료 시점을 2026, 2027년
쯤으로 미루는 게 현실적이다.

교통 호재의 최대 난관이 무엇인지 눈치들 챘는가? 부동산 시장도
상승과 하락을 왔다 갔다 한다. 지하철 등의 사업은 상승에서 하락장
이 될 때 중지되거나 완공될 확률이 높다.

이때는 수요 분산 때문이 아니라 집값이 내려가 주택 수요가 감소한다. 그러면 교통 대책은 다시 뒤로 밀릴 확률이 높아진다.

언제 완공될지 알 수 없고 완공 시점이 앞으로 2~3년 안에는 불가능하기에 서울로의 접근성이 좋아지리라고 예상하긴 이르다. 서울의 주택 수요 분산도 어렵다고 봐야 한다.

그나마 가장 완성이 가까운 신림선 말고는 GTX-b, GTX-c는 2030년 안에 완성된다는 말도 현실성이 결여돼 있다. 하물며 GTX-d는? 없다고 치는 게 마음 편하다.

2

금리 인상과 규제에
갈팡질팡하지 마라

경기도와 인천 집값의
구체적 향방

　서울 집값은 계속 오를 텐데 수도권의 다른 축인 경기도와 인천은 어떨까? 3기 신도시와 2·4대책으로 공급한다는 물량은 불확실할뿐더러 확실한 물량 증가 효과를 내기 어려울 거라고 힘줘 말했다.

　전문가들이 이구동성으로 하는 주장이 있다. 경기 외곽의 경우 3기 신도시 공급 증가로 집값이 하락하리라는 것이다. 나도 동의하는데, 3기 신도시보다 입지나 서울 접근성 면에서 비교 열위에 있고, 소형 평형이거나 재건축, 리모델링 가능성도 없는 구축 아파트는 투자 후보에서 빼자.

　지금이야 공급이 없고 또 입지 좋은 부동산은 비싸니까 싼 곳을 찾는 덕분에 수요가 몰려 값이 오르지만, 3기 신도시에서 공급이 쏟아져 나오면 경기 외곽은 경쟁에서 밀릴 확률이 높다.

인천은 2021년까지 수도권에서 입주 물량이 유일할뿐더러 증가하는 지역이다. 이 때문에 많은 전문가뿐만 아니라 대중들이 공급량 증가, 집값 하락 도식에 맞춰 실제 인천이 과잉공급으로 하락할까 걱정한다. 그러나 이는 기우일 뿐이다.

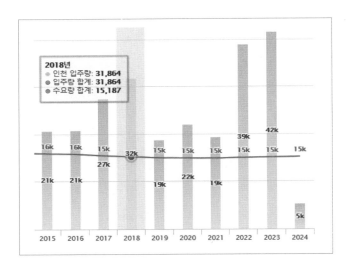

인천에서 2022년에 나올 입주 물량은 약 3만9천 호, 2023년에는 약 4만2천 호가 예정돼 있다. 2018년 3만1864호에 견줘 2022년에는 7천이 늘고, 2023년에는 1만이 늘어나 실제 공급량이 많은 건 맞다. 특히 검단 신도시에서는 입주가 많이 예정돼 다주택자가 전세를 내놓기 시작하면 전세가는 힘을 쓰지 못할 확률이 높다.

그러나 매매가도 하락하리라는 전망은 섣부르다. 2024년에도 입주 물량이 많이 예정돼 있다면 조정이 올 수 있지만, 2024년에는 공급이 다시 급격히 줄어들기 때문이다.

많은 전문가의 예상과 달리 공급이 나오는 약 2년에 걸쳐 전세가는 힘을 쓰지 못하면서 매매가가 조정될 수는 있지만, 그 폭은 미미할 것이다.

검단에서 늘어나는 공급만으로 인천의 부동산 집값을 하락으로 만들기에는 그 양이 적다. 검단을 빼고 다른 구에서 나오는 공급은 구도심 정비사업으로 역시 순증가 효과는 거의 없다.

인천의 공급량만으로 인천 전체 집값이 상승이냐 하락이냐를 단언해서는 곤란하다. 인천은 반드시 서울, 경기도와 한 묶음으로 계산해야 한다. 서울에서 나오는 공급은 그 규모 자체가 작고 대부분이 구도심 정비사업 물량으로 순증 효과가 없기에 경기도가 수도권 집값의 게임체인저 기능을 한다.

만약 수도권 집값이 상승에서 하락으로 반전하려면 경기도에서 적정 공급량 이상으로 많은 입주가 매년 쏟아져 나와야 한다.

경기도에서 매년 15만 가구 이상 새 아파트가 입주하고 이것이 3년 이상 누적돼야 비로소 공급 과잉 효과를 낸다는 점을 강조했다. 수도권 부동산은 이때 정점을 찍는다.

그래서다. 인천 집값의 향방은 경기도에서 나올 공급량을 먼저 따져봐야 한다. 경기도에서 최대를 기록한 2018년 대비 줄어드는 입주 물량이 약 10만 가구, 앞으로 인천에서 늘어날 물량이 약 1만 가구로 이 둘을 더하면 수도권의 경우 총 입주 물량이 9가 감소한다. 인천의 늘어나는 입주 물량은 언 발에 오줌 누는 수준으로 판단하면 된다.

수도권 집값은 3기 신도시와 2·4대책의 공급계획이 실제 실현돼 입주 물량으로 세상에 선을 보이는 시점에 달려 있다. 앞서 우리는 2023~2024년에 계획된 3기 신도시 입주 시기가 이보다 3~4년 후에나 가능하리라고 짚어봤다. 가격 조정은 현실적으로 2026~2027년에나 올 수 있다.

아직도 규제 면역이 없습니까

언론과 부동산 전문가란 사람들 말은 정말 믿을 만할까?

부산일보사

2006 부동산 시장 "완만한 하락세... 침체 지속"

기사입력 2006.01.02. 오후 12:12 최종수정 2006.01.02. 오후 12:12 [스크랩] 본문듣기 · 설정

프레시안

국토연구원 "올해 집값 전국평균 1% 하락" 주장

기사입력 2006.01.02. 오후 3:18 최종수정 2006.01.02. 오후 3:18 [스크랩] 본문듣기 · 설정

서울경제

"올해 서울 아파트값 2% 하락"

기사입력 2006.01.02. 오후 5:06 최종수정 2006.01.02. 오후 5:06 [스크랩] 본문듣기 · 설정

파이낸셜뉴스

노원·도봉 집값하락 벌써 시작

기사입력 2006.01.02. 오후 9:51 최종수정 2006.01.02. 오후 9:51 [스크랩] 본문듣기 · 설정

과거 2006년 1월에 나온 부동산 기사 표제다. 이때 언론과 인터뷰한 전문가들은 정부의 강력한 규제로 매매시장이 하락세를 보일 거로 전망했다. 이 전문가들은 여전히 언론에서 종횡무진 활동한다.

부동산 초보들은 저런 자극적인 뉴스를 보면 '부동산은 이제 하락하는구나' 겁먹고 가지고 있던 집도 판다. 그러나 그 이후 어떻게 됐는지 수도권 아파트 매매 흐름을 보자.

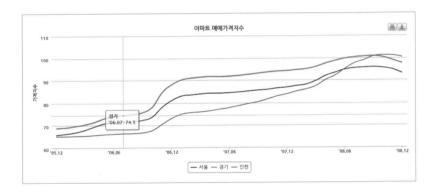

부동산 시장이 하락하리라던 2006년, 강한 규제를 비웃기라도 하듯 집값은 더욱더 크게 상승했다. 그리고 2008년 10월쯤 정점을 찍었다.

노무현 정부 시절 2005년부터 집값 상승을 잡고자 지금과 같은 강력한 규제를 연일 내놨으나, 수도권 아파트값은 잡히지 않았다. 이 당시에도 공급이 부족한 상태에서 수요를 억제하는 정책이 계속 펼쳐졌다.

"지금은 그때보다 훨씬 더 규제가 강력하니 시장이 잡히지 않겠어?"라고 의문을 가질 사람들도 있겠지만, 사람들이 원하는 만큼의 충분한 공급이 없으면 더 센 규제를 내놔도 집값 안정은 공염불에 그칠 것이다.

전문가들도 이 당시 집값 하락을 얘기했다. 강한 규제와 징벌 성격의 세금 부과로 투자자를 꽁꽁 묶어 집을 더 살 수 없도록 해 집값 상승에 한계가 있을 거라는 예상이 지배적이었다. 그러나 사람들은 계속해서 투자할 곳을 찾아 집을 샀고, 집값은 계속 올랐다. 그 후 다른 뉴스 기사들이 어떻게 변했는지 살펴보자. 언제 그랬냐는 듯한 태도다.

서울경제
8·31 한파 불구 강남재건축 값 다시 치솟아
기사입력 2006.02.02. 오후 5:51 최종수정 2006.02.02. 오후 5:51 [스크랩] 🌐 본문듣기 · 설정

매일경제
재건축 아파트, 8·31이전 가격 회복
기사입력 2006.02.03. 오전 7:02 최종수정 2006.02.03. 오전 7:02 [스크랩] 🌐 본문듣기 · 설정

2021년은 어떤가? 강한 규제가 나오고 코로나 사태가 터지고 난 후 전문가들의 전망이 어땠는지 과거 기사를 찾아보면 맞는 게 없다.

전문가들 전망은 항상 두루뭉술하다. 자신들도 시장이 어떻게 될지 잘 모르기 때문이다. 잘 모르는 걸 발설했다가 틀리면 무슨 개망신인가. 이들은 이도 저도 아니게 말하고, 하락장이 와도 덜 떨어지고 하방경직성이 있는 강남 같은 곳만 추천할 수밖에 없다.

거품이 끼었다는 경제 뉴스가 나오기 시작하면 규제는 계속해서 나올 수밖에 없는데 규제로 부동산이 하락으로 접어든 예는 없다. 바긴세일이 왔구나 하고 태세를 정비하는 편이 현명하다.

금리 오르고 유동성 줄여도
부동산은 끄떡없다

나는 단돈 1,200만 원으로 부동산 투자를 시작했다. 아무 지식과 경험이 없는 상태에서 돈을 벌어보려고 덤벼드니 불안한 마음이 오죽했을까. 닥치는 대로 책을 읽고 공부에 전념했다. 이때 접한 중요한 투자 지표가 유동성과 금리다.

2007년 미국의 금융위기와 2020년 신종 코로나 유행으로 시중에 돈이 많이 풀렸다. 우리나라뿐 아니라 각국 자산시장이 과열되면서 경고음이 퍼지기 시작했다. 마침내 2021년 미국이 유동성을 줄이고자 칼을 빼든 형국이다.

우리나라도 세계 각국과 동조현상을 보이며 증권부터 부동산까지 자산시장이 민감하게 반응하기 시작했다. 최근 부동산 시장 참여자들도 살얼음판을 걷듯 조심스러운 분위기가 감지된다.

그들을 위해 결론부터 말해야겠다. 유동성과 금리는 집값에 영향을 주지만 주된 요인은 아니다.

유동성 증가는 시중에 돈이 많이 풀린다고 이해하면 된다. 유동성이 커지면 돈의 값어치는 떨어지고 부동산 같은 실물자산 가치는 오른다.

유동성은 보통 M1(협의의 통화), M2(광의의 통화)로 구분한다. 간단히 M1은 입출금통장 예금액 합계를, M2는 M1에 1년 이상의 저축성 예금액을 합해서 나타내는데 이 둘을 합쳐 유동성으로 봐도 무방하다. 아래는 우리나라의 M1, M2 통계다.

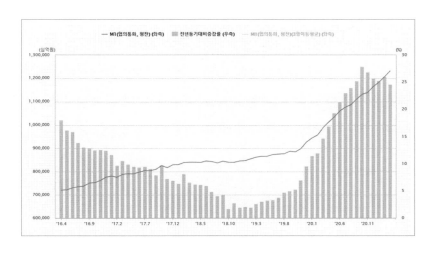

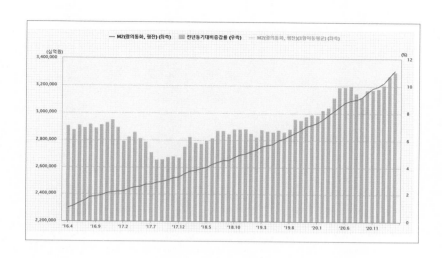

M1이 계속해서 증가하고 있으며 M2도 우상향 중이다.

늘어난 유동성은 자산시장으로 흘러 들어가 거품이 발생한다고 알고 있다. 그러나 유동성이 실제 부동산에 얼마나 영향을 주는지는 정확히 알기 어렵다는 게 내 생각이다. 은행에 있는 돈을 꺼내 주식을 매수할지 부동산에 투자할지 알 수 없다는 것이다. 최근 자산으로 인정받은 암호화폐에 투자할 수도 있고 금이나 실물에 넣을 수도 있다.

과거 부동산 하락장 때 과연 유동성은 감소했을까?

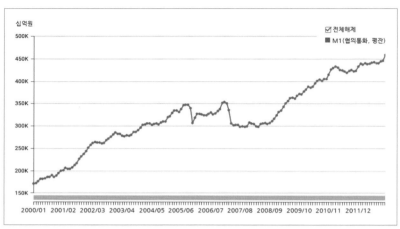

자료: 한국은행

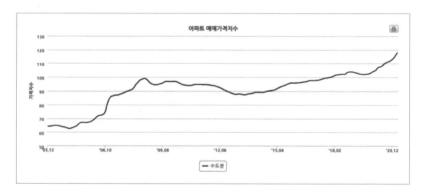

　　맨 위 그림은 2000년부터 M1 상황을, 아래쪽은 같은 기간 아파트 매매가격지수를 나타낸다. 2007년 1월~2008년 8월까지 M1은 감소했는데, 이 시기 아파트 매매가는 큰 상승을 보였다. 2008년 9월부터 M1

이 다시 증가세로 돌아서지만, 아파트 가격은 반대로 내려가고 있다.

아래 M2도 확인해보자. 이 지표는 집값이 하락하든 상승하든 줄곧 우상향이다. 유동성이 집값을 오르고 내리게 하는 주된 요인이 아니라고 보는 이유가 여기에 있다.

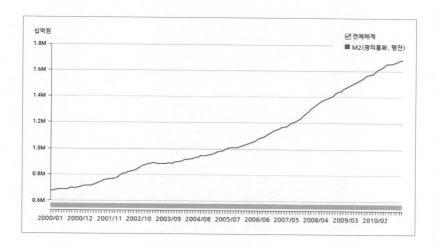

2021년, 미국의 인플레이션으로 금리 인상 이슈가 나오자 파월 연준(연방준비제도이사회) 의장은 고용이 늘어야 금리를 실제 인상할 거라며 시장에 걱정하지 말라는 신호를 주었다. 그러나 미 재무장관은 인플레이션이 심각해 금리를 인상할 수도 있다고 말하며 시장에 혼란을 부추겨 주식시장에 그늘을 드리우고 있다.

위험자산의 한 축인 주식은 금리 상승에 상당히 민감하다. 하지만 부동산은 금리가 빠르게 큰 폭으로 인상되지 않는 한 상대적으로 그 영향이 미미하다.

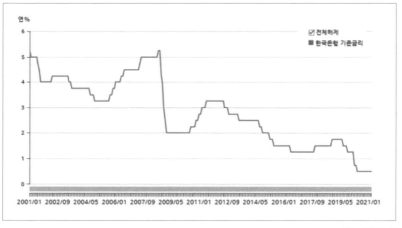

자료: 한국은행

위 그래프는 2001년부터 2021년 1월까지 기준금리 변화를 나타낸다. 2005년 6월까지 내려가다 7월부터는 다시 오름세를 타고 있다. 이제 수도권의 2003년 12월부터 현재까지 아파트 매매가 흐름을 보자.

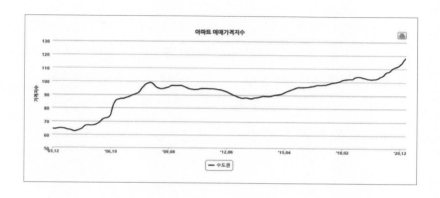

아파트 매매가격지수

2005년 6월 이후부터 금리는 인상되고 있지만, 아파트 매매가격은 예상과 달리 상승하고 있다. 통계를 보면 금리가 올라도 집값이 따라 오르는 예가 흔하다.

그런데 사람들은 왜 금리가 오르면 부동산 시장에 좋지 않다고 끊임없이 불안해하는 걸까? 금리가 오르면 특히 영향을 받는 곳이 있기는 하다. 바로 월세를 받는 부동산(상가)이다. 상가는 매수가격, 월세, 금리로 투자가 결정된다.

상가는 비싸게 사면 수익률이 낮아진다. 비싼 값에 샀다고 세입자더러 월세를 올려달라고 하면 당장 공실 위험이 닥친다. 원리 한 가지가 나온다. 월세는 10년 전이나 지금이나 변함이 없다.

금리, 정말 중요하다. 상가 주인으로서 상가 월세가 500만 원이고 대출이자가 200만 원이어서 월 300만 원의 수익이 났는데, 금리가 오르면 대출이자가 늘어 300이 돼 버리면 월 수익이 200으로 줄어든다. 월 100만 원의 수익이 줄고 1년으로 치면 1,200만 원. 10년이면 약 1억 2천만 원이다. 이 상가를 팔 때 1억2천만 원만큼 가격을 깎아 줘야 수익률이 맞아 제삼자가 매수한다. 상가의 매매가는 이렇게 형성된다. 금리가 오르면 상가 가격은 떨어질 위험이 크다.

시세차익 목적의 주택 투자는 어떨까? 아파트를 보자. 수도권 아파트 매매가격지수 그래프를 보면 2005년 7월부터 금리가 급격히 인상되는데 집값이 영향받지 않았다는 걸 확인할 수 있다. 2008년 9월 기준금리가 5.25%로 최고점을 찍은 후 내려가는데도 집값은 계속 올랐다. 2009년 7월엔 기준금리가 뚝 떨어져 2%대를 유지했으나 사람들 생각과 달리 집값은 떨어졌다.

주택은 필수품 성격이 있어 공급이 부족한 때 금리가 아무리 올라가도 금리보다는 수급에 더 큰 영향을 받고 집값이 결정된다.

2021년 미국 경제가 좋아지면서 인플레이션 압박이 심해지고 금리가 오르면 부동산 가격을 하락시키지 않을지에 대한 두려움은 떨쳐도 좋다. 금리 인상이 될지도 모르는 불안함에 대비해야 할 대목은 대출을 무리하게 받아 상가를 매수하지 않는 것이다.

물론 금리가 오르면 전세자금 대출 금리도 덩달아 높아져 전세가가 지금처럼 계속 상승하는 데는 한계가 있다. 전세가 많이 오르지 못하면 매매가 상승에도 불리하지만, 5% 이상 오르기 전까지는 걱정할 이유가 없다.

달리는 부동산에
경매가 웬 말인가

2012년 부동산 투자로 제2의 인생을 열자 마음먹고, 경매로 2013년에 서울에서 빌라를 낙찰받아 본격적으로 투자에 발을 들였다.

2021년 출판시장에 경매와 관련한 책이 다시 인기를 얻고 있다. 그만큼 관심이 크다는 얘긴데 이렇게 부동산 불장에서도 경매가 괜찮은 투자인지 묻는 사람들이 많다.

수강생   *경매가 다시 인기를 끌고 있는 것 같던데요. 아무튼 경매로 시세보다 싸게 살 수 있어 좋지 않을까요?*

나   *글쎄요. 경매는 아무런 이점이 없는데 왜 사람들이 다시 경매에 관심을 가지는지 이유를 모르겠네요. 시세보다 싸게 낙찰받을*

수 있던 건 옛날이야기입니다. 경쟁이 심해져 시세보다 높게 낙찰되는 사례가 많아요. 그럴 바엔 편하게 중개소에 가서 시세대로 매수한 뒤에 수익 나면 팔고 나오는 게 훨씬 낫습니다.

수강생 경매 강사들은 아직도 경매로 큰돈을 번다던데 그럼 누구 말이 맞는 거죠?

나 그 사람들은 강의로 돈을 버는데, 수강생들에게 이제 경매는 한물갔다고 하면 수업을 듣지 않을 테니 솔직하지 못한 겁니다. 지금은 경매로 돈을 벌기 힘듭니다. 공부는 하되 낙찰받겠다고 시간 낭비 에너지 낭비하지 마세요.

나는 2018년까지만 경매 강의를 했는데 그만한 이유가 있다. 해봐야 수강생들이 매각 물건을 싸게 낙찰받기 어려워졌고 이점도 없는 탓이다. 특히 햇병아리 투자자에게는 절대 추천하지 않는다.

내가 본격적으로 경매로 투자를 시작한 2013년은 수도권 부동산 시장이 바닥을 다지고 상승으로 접어드는 때였다. 1억짜리 물건을 낙찰받으면 최대 9천만 원까지 대출을 받을 수 있었다. 현금이 부족한 실수요자도 공인중개사를 통해 매매하기보다 매각 물건을 낙찰받으려 했다. 부동산 시장이 좋지 않아 경쟁률도 낮고 낙찰도 쉬웠던 것이다.

2015년 부동산 시장이 점차 활기를 되찾기 시작했다. 경매시장도 덩달아 활성화하고 법원에 가면 입추의 여지가 없을 정도로 사람들이 빼곡했다. 그해 말쯤 경쟁이 심해져 낙찰받기가 하늘의 별 따기가 됐다.

시세보다 싸게 살 수 있고 경락잔금 대출이 많이 나오는 경매의 큰 두 가지 장점은 사라졌다. 낙찰이 목적이 아니라 시세보다 싼 값에 매수해야 진짜 의미가 있는데, 더는 싸게 낙찰받을 수가 없었다.

하물며 규제 탓에 낙찰돼도 대출이 많이 나오지 않는다. 무주택자라고 해도 마찬가지다. 만일 규제지역에 집이라도 한 채 가지고 있다면 아예 못 받을 각오를 해야 한다. 명도도 초보에게는 제일 큰 난관 중 하나이다.

경매 강의를 관두고 일반매매로 방향을 전환한 건 이 때문이다. 경매는 부동산 시장이 장기간 하락세가 약화하며 바닥을 다지고 상승하려는 시기에 걸맞은 투자법이다. 2021년은 오랫동안 오르며 상승장 후반부로 접어들어 경매 이점은 사라진 상태다. 중개소에서 대접받으며 시세차익을 노리는 일반매매가 훨씬 유리하다.

전세 사는 이들에게 주는
마지막 조언

　　2·4대책과 신도시 발표는 무주택, 실수요자들이 집을 '펜데믹 바잉' 하지 말고 기다리라는 정부의 다급한 신호다. 이렇게 나온 대책 수만 25번째다.

　　한 친구는 2016년 1월에 서울 창신 두산 아파트 33평을 5억에 매수하려다 규제로 집값이 떨어질까 봐 포기했다. 그 후 집값이 내려가기는커녕 무섭게 올라 3년이 지난 뒤에 7억으로 돼 있었다.

　　이제 더는 안 되겠다 싶어 친구는 남편을 설득해 집을 매수하려 마음먹었는데, 문재인 대통령이 반드시 집값을 떨어뜨리겠다고 한 호언장담을 믿고 이번에도 내 집 마련에 실패했다.

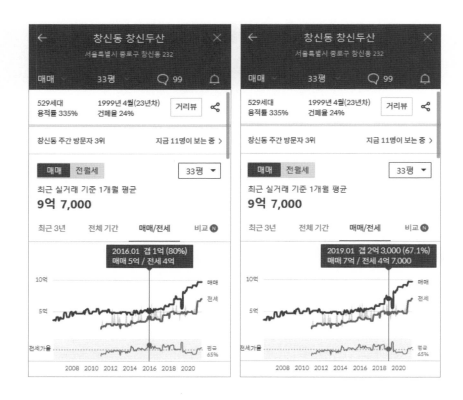

2021년 6월 현재 이 아파트는 9억7천만 원에 실거래됐다. 이 친구는 정부 말을 믿은 자신이 바보라며 땅을 치고 후회한다. 이 아파트뿐 아니라 서울 대부분의 아파트값이 올라서 넘사벽이 된 지 오래다.

새로운 집값 킬러가 등장해 이번에야말로 정말 집값이 잡힐 거라면서 3기 신도시에서 나올 아파트를 기다리며 4년 이상을 전세로 버틴다는 사람들이 많다. 역사가 반복되리라는 법은 없지만, 위 아파트처럼 5억에서 9억7천으로 올라 있을 집값을 보며 또 한 번 좌절감을 맛볼 각오를 해야 한다.

3기 신도시에서 나올 아파트는 6~7년 뒤에나 입주가 가능할 텐데 이곳에 청약 당첨되어 분양받은 사람들이 정작 입주 때 하락장이 시작돼 분양가보다 가격이 내려가면 기분이 어떨지 의문이다.

신도시는 상권과 인프라가 뒤늦게 만들어져 모든 환경을 갖추려면 오랜 시간이 필요하다. 위례신도시에 입주를 시작한 3년 전엔 실제로 집주인들이 살기 불편하다며 전세를 주고 나왔다.

3기 신도시에서 나올 아파트가 집값이 저렴하다고 하는데, 싼 자재를 쓸 수밖에 없어 품질은 떨어질 것이다. 정부 재원은 유한하기 때문이다. 아파트가 저품질이라는 소문이 퍼지면 선호하지 않는 아파트가 될 위험이 크다.

얼마 전 친구에게서 온 문자를 소개하며 마친다.

네가 과거에 집 사라고 했을 때 콧방귀도 안 끼고 속으로는 집값 하락할 건데 왜 사라고 하나 욕을 했었다. 그러나 지금 와서 보니 그때 네 말 듣고 집 샀으면 지금보다 싸게 사고 돈도 벌었을 걸 하며 후회한다.

대출도 과거엔 많이 나왔는데, 지금은 한도도 줄여놔 집을 사고 싶어도 못사는 지경에 이르렀어. 이제 결혼해서 신혼부부로 전세를 얻으려 돌아다녀 보지만, 시장

에 전세 매물도 씨가 말라 없다. 이제 우리는 서울이 아닌 출퇴근이 불편하고 살고

싶지도 않은 외곽까지 가서 살아야 한다. 이번 생은 집 마련하기 망한 거 같아.

요즘 예비 신부와 매일 싸우고 있어. 그때 집을 왜 안 샀냐면서…

3

오래된 빌라(썩빌),
리모델링, 지방 아파트로
돈이 몰린다

썩빌(오래된 빌라) 투자의 시대

서울뿐 아니라 경기도 인천까지 아파트 가격이 많이 올랐다. 신축부터 재건축·재개발까지 오르지 않은 부동산이 없다. 앞에서 부동산 시장의 특징을 언급했다. "집값이 오르면 투자는 멈추지 않고 계속된다"

부동산 가격에 고점이란 없다는 점을 강조했는데 어쨌든 수도권의 아파트는 웬만한 사람들에게 부담인 건 사실이다. 그럼 현금 없는 사람들에게 대안은 없을까?

새 아파트가 될 가능성이 있는 부동산에 집중하는 게 정답이다. 리모델링, 오래된 빌라 이른바 썩빌(썩은 빌라)이 그것이다.

과거 2006년쯤 노무현 정부 때 부동산 시장은 지금과 판박이다.

규제가 많이 생겼고, 양도세 중과나 보유세 인상으로 고가 주택에 투자하기란 여간 벅차지 않았다. 규제 탓에 고가 주택은 투자하기 힘들어지니 사람들은 새 아파트 될 기대감이 있으면서 돈이 적게 들고 종부세나 취득세 부담이 없는 빌라로 몰려들었다.

투자자들은 인천의 낙후가 심한 빌라들에 투자해 빌라 가격이 몇 개월 사이 몇천만 원에서 억까지 상승했던 때가 있었다. 그즈음 나온 부동산 기사다.

서울경제
연립주택으로 매수세 몰린다
기사입력 2007.03.11. 오후 3:57 최종수정 2007.03.11. 오후 3:57 스크랩

"아파트 가격이 크게 오르면서 가격 부담이 커지자 저렴한 투자처를 찾는 분위기가 있다"라며 "뉴타운이나 재개발 부지를 비롯해 신도시 예정지역으로 꼽히는 지역의 연립주택값이 많이 올랐다"는 내용이다.

또 "갈 곳 없는 돈이 연립주택으로 몰리자 우려의 목소리도 제기되고 있다."라며 당시 스피드뱅크 부사장은 "재개발, 재건축이 된다는 막연한 기대감에 투자자들이 수익성 분석도 없이 달려들고 있다" "개발

이 안 될 경우 환금성이 떨어져 애물단지가 될 수도 있으니 신중을 기해야 한다"라고 지적했다.

부동산 시장의 상승장 후반부는 항상 매매가가 덜 오르고, 투자금 적게 들며 각종 규제에서 자유로운 투자처가 주목받는데 그게 썩은 빌라(썩빌)와 썩은 연립주택(썩연)이다.

정부 규제도 부동산 투자가 썩빌로 이동하게 한 주요 원인이다.

개정안			
개인	1주택	주택 가액에 따라 1~3%	
		조정대상지역	그 외 지역
	2주택	8%	1~3%
	3주택	12%	8%
	4주택 이상	12%	12%
법인		12%	

※ 단, 일시적 2주택은 1주택 세율 적용 (1~3%)

위 표는 주택법 개정안이다. 이제 1주택자가 두 번째 주택을 매수할 때 조정지역이냐 비(非)조정지역이냐에 따라 취득세가 다르다. 조정

지역에서 집을 사면 두 번째 주택부터 8%, 3주택은 12%로 비조정지역은 3주택부터 8%고, 4주택은 12%의 취득세 중과다.

조정지역에서는 매매가가 5억이면 취득세만 8% 적용돼도 약 4천만 원을 세금으로 토해내야 한다. 법 개정 전에 6백만 원이었으니 3천 400만 원을 더 내는 셈이다. 취득세 중과 규제가 나오고 나서 실제 매수세는 끊겼다. 개인 명의로 되지 않아 법인으로 취득하려 하지만 법인도 똑같은 규제가 적용된다.

내게 그 많은 취득세를 내면서까지 계속 부동산 투자를 하겠냐고 물어보면 하지 않는 것보다는 낫다고 대답한다. 은행 이자보다 세금을 내고도 남는 수익이 더 크기 때문이다. 투자는 원금까지 잃어버릴 위험이 있지만 이런 위험을 피하려면 어쩔 수 없이 은행에 맡겨야 한다.

투자자들이 취득세를 크게 내면서까지 매수할 부동산은 이미 답안지가 나와 있다. 앞으로 투자와 돈이 몰려들 곳이다.

별첨	주택 수 합산 및 중과 제외 주택	

연번	구 분	제외 이유
1	가정어린이집	육아시설 공급 장려
2	노인복지주택	복지시설 운영에 필요
3	재개발사업 부지확보를 위해 멸실목적으로 취득하는 주택	주택 공급사업에 필요
4	주택시공자가 공사대금으로 받은 미분양주택	주택 공급사업 과정에서 발생
5	저당권 실행으로 취득한 주택	정상적 금융업 활동으로 취득
6	국가등록문화재 주택	개발이 제한되어 투기대상으로 보기 어려움
7	농어촌 주택	투기대상으로 보기 어려움
8	공시가격 1억원 이하 주택 (재개발 구역 등 제외)	투기대상으로 보기 어려움, 주택시장 침체지역 등 배려 필요
9	공공주택사업자(지방공사, LH 등)의 공공임대주택	공공임대주택 공급 지원
10	주택도시기금 리츠가 환매 조건부로 취득하는 주택 (Sale & Lease Back)	정상적 금융업 활동으로 취득
11	사원용 주택	기업활동에 필요
12	주택건설사업자가 신축한 미분양된 주택	주택 공급사업 과정에서 발생 ※ 신축은 2.8% 적용(중과대상 아님)
13	상속주택(상속개시일로부터 5년 이내)	투기목적과 무관하게 보유 ※ 상속은 2.8% 적용(중과대상 아님)

투자자들은 공시가격이 1억 원 이하인 집을 찾아 많이 매수하고 있다. 공시가격 1억 원 이하 주택은 다주택자가 새로 매수해도 취득세를 중과하지 않는다(단, 정비사업이 진행되면 똑같이 중과한다). 다음 표를 참고하자.

□ **(내용) 2주택 이상 다주택자**(조합원 입주권 포함)가 **조정대상지역 내 주택 양도시 양도소득세 중과 및 장기보유특별공제** 적용 배제

* 현재 3년 이상 보유시 보유기간에 따라 양도차익의 10~30%를 공제

< 다주택자에게 적용되는 양도세율 >

구 분	2주택자	3주택자 이상
현 행	양도차익에 따라 기본세율(6~40%) 적용	
개 정	기본세율 + 10%p	기본세율 + 20%p

* 다만, 장기임대주택 등 과거 양도세 중과대상에서 제외되었던 주택 등은 이번 대책에도 양도세 중과 및 장기보유특별공제 배제 대상에서 제외토록 조치

< 2주택 소유자 중 양도세 중과세 제외 예시 >

△ (일정가격 이하 주택) 기준시가 1억 이하 주택(정비구역 내 주택 제외), 지방 3억 이하 주택

△ (장기임대주택) 일정호수 이상 주택을 건설하거나 매입해서 장기간 임대한 주택으로 일정 요건을 갖춘 주택

△ (상속주택) 상속일로부터 5년이 경과되지 않은 주택

△ (장기사원용) 종업원에게 10년 이상 무상으로 제공한 주택

△ (근무형편 등) 근무상 형편, 취학, 질병요양 등의 사유로 1년 이상 거주하고 직장 문제, 학업, 치료문제가 해소된 후 3년내 팔 경우

△ (혼인·노부모 봉양) 결혼일 또는 합가일로부터 5년이 경과되지 않은 주택

△ (가정어린이집) 지방자치단체에서 인가받고 국세청에 사업자 등록한 후 5년 이상 가정어린이집으로 사용하는 주택

△ (일시적 주택) 새 집을 산 후 3년 이내에 기존 주택을 팔 경우

자료: 국토부

　　1주택자로 주택에 투자하고 싶은데 취득세 중과가 부담스러울 때 틈새가 보인다. 기준시가 1억 이하로 재개발 이야기가 나올 만한 지역에서 주택을 매수하는 방법이다. 취득세는 개정 전 세율로 낸다.

재개발 이야기가 흘러나와 양도할 때 조정지역은 양도세 중과라는 제도가 있다. 2주택자가 조정지역에 있는 집을 양도하면 기본세율에 10%를 가산한다. 2021년 6월 1일 이후로는 기본세율에 20%가 더해진다. 이를 토대로 하면 2021년 6월 1일 이후부터 주택을 팔면 세금 내고 남는 게 없다.

이제 '2주택 소유자 중 양도세 중과 제외 예시'에 주목하자. "기준시가 1억 이하 주택, 지방은 3억 이하 주택"은 양도세 중과를 받지 않고 제외하겠다고 한다. 물론 정비구역으로 지정된 곳은 제외다.

기준시가 1억 이하의 주택을 매수하면 취득세는 물론 양도세도 중과되지 않는다. 단, 3주택자는 적용되지 않고 반드시 2주택자에만 해당한다.

서울, 경기, 세종시, 광역시를 제외한 지방에서 공시가격 1억 이하 주택을 매수하면 취득세도 내지 않고 나중에 양도할 때 공시가격 3억 이하면 양도세 중과도 받지 않으니 투자 수익을 극대화할 수 있다.

법인과 투자자는 계속 이런 속성을 지닌 빌라와 연립주택에 투자할 것이다. 이미 사람들이 빌라와 연립에 투자한다는 소문이 온·오프라인에 돌면서 투자를 시작해 보려는 초보들도 합세해 집값이 크게 오르는 상황이 부동산 투자의 조류가 될 것이다.

그렇다고 모든 사람이 이익을 본다는 건 아니다. 재개발 소식이 나오리라 예상하고 투자했는데, 영영 이런 소식이 들리지 않는다면 집값은 오르지 않을 수 있다. 팔고 싶어도 그럴 수 없고, 만약 시간이 흘러 공급이 한계선을 넘을 때 부동산 시장이 하락장을 맞으면 다음 상승 때까지 그 집을 보유하고 있어야 한다.

재개발을 노리는 투자는 아파트 투자보다 리스크가 크고 변동성이 심하며 환금성도 떨어진다. 여윳돈이고 재개발 소문이 나오지 않더라도 흔들리지 않을 자신감이 있고 위험을 감수하면서 큰 수익을 노리는 공격적 성향의 투자자에게 걸맞다.

보수적인 투자성향이라면 다음에 나올 리모델링 가능성이 있는 아파트가 낫다. 아파트는 리모델링 이야기가 나오지 않더라도 빌라보다 환금성도 좋고 수요가 많아 매도가 수월해 위험이 낮다.

2·4대책으로 잘못하면 투자해 둔 낙후도 높은 지역에서는 공공사업지로 지정돼 2월 4일 이후 매수한 집이 현금 청산될 염려 때문에 썩은 빌라나 연립주택 투자 매수세가 사라져 조용해졌다.

만약 2년 후에 부동산 시장이 하락장으로 돌입할 거라면 썩은 빌라와 썩은 연립 투자는 실패할 수 있다. 그러나 1장에서 전망했듯이 수도권은 앞으로 5~6년 정도 상승장이 남았기에 투자로서는 적격이다.

주택이나 빌라에도 돈이 물려 집값이 올라가면 공시가 1억 이하인 집들도 중과로 바뀌지 않을까?

국토부 장관 마음에 달렸지만, 정부 규제는 매매가격이 높은 주택이 타깃이지 서민들이 사는 낮은 주택가격이 아니다. 앞으로도 '공시가격 1억 이하 취득세 중과 제외' 조항은 없어지기 어렵다.

재건축보다 리모델링

정비사업은 흐름이 있는데, 이를 모르면 깜깜이 투자가 되기 쉽다. 정비사업의 시작은 중심지(강남 4구)의 재건축부터 시작해 주변(인천, 경기)으로 전파하고 그다음 중심지 재개발과 주변의 재개발로 이어진다.

2016년 1월 강남의 개포주공 아파트들이 처음으로 재건축을 시작해 주변으로 흐름이 전파돼 강남 3구 옆 강동구까지 사업이 진행됐다. 그러고 나자 서울의 다른 구들까지 정비사업 붐이 불고 급기야 흐름은 서울과 접근성이 좋은 경기도와 인천까지 전파해 지금은 서울에서 먼 외곽에서 재개발·재건축 사업을 진행하며 집값 오름세에 기름을 붓는 형국이 됐다.

부동산 시장의 사이클에서 상승장 후반에 일어나는 현상이 있다.

집값이 대부분 상승해 과거에 사업성이 없어 리모델링이 어렵다던 아파트가 사업을 시작한다는 뉴스가 흘러나오기 시작한다는 것이다.

일산 아파트들은 2018년, 2019년도만 해도 가격대가 낮아 리모델링 사업성이 없다고 했었다. 그러던 일산에도 투자가 몰려 2020년부터 집값이 많이 올랐다. 아니나 다를까 사업성이 나오는 가격에 도달한 일산 아파트들 사이에서 리모델링을 추진한다는 곳이 여기저기서 나오고 있다.

일산에 '리모델링 신호탄' 쏘아올린 문촌16단지… "주민 열의 높다"

경기도와 고양시로부터 컨설팅비 3억원 지원... 공공지원, 고양에선 '첫 사례'

21.03.26 12:26 | 최종 업데이트 21.03.26 12:27 | 고양신문 이병우(mygoyang) ▼

부동산 상승장 후반부에 온 2021년은 리모델링 사업이 대세가 될 것이다. 과거엔 재건축·재개발 이야기만 나왔지만, 최근 리모델링 이야기가 솔솔 나오는 이유는 사업성이 나오는 가격에 도달했기 때문이다.

월계 동신, 조합설립 3년만에 사업시행인가

노원구청 17일 고시
재건축 마지막 관문 넘어

정석환 기자 | 입력 : 2021.06.16 17:06:42

월계동신아파트도 2006년 부동산 시장이 좋을 때 추진됐다 2009년 9월 이후 부동산 하락장으로 사업성이 급격히 떨어져 사업을 멈춘 전력이 있지만, 이 주변 아파트값이 전반적으로 오르면서 2018년 8월 조합인가, 2021년 6월 사업시행인가를 다시 받았다.

리모델링은 재건축과 비슷하지만, 아파트 연식이 15년 이상 된 아파트를 멸실하지 않고 겉, 내부 평형과 구조를 새롭게 만드는 것이 다르다.

리모델링 절차는 6단계로 이뤄진다. 조합설립 → 안전진단 → 건축심의 → 행위허가 → 이주 착공 → 입주 순서다.

주택이 15년을 경과하면 사업을 추진할 수 있다. 수직증축은 안전진단에서 B등급, 수평·별동 증축은 C등급이면 가능하다. 참고로 재건축은 D등급을 받을 정도로 낡아야 한다.

주민 동의율은 66.7%만 받으면 사업을 할 수 있다. 재건축이 75% 동의가 필요한 것과 견주면 상대적으로 수월하다.

이번 정부에서 민간 재건축·재개발 규제를 완화하거나 적극적으로 장려하기란 사실상 불가능하므로 낡은 아파트에 사는 사람들이 리모델링으로 방향을 틀 것이다. 재건축이든 리모델링이든 추진한다는 이야기만 나와도 돈이 몰려든다.

이미 리모델링을 진행하는 아파트는 가격이 크게 올랐다. 매수하고 싶어도 집주인들은 더 상승하리란 기대감에 매물을 내놓지 않는다.

따라서 우리가 관심 가져야 할 리모델링 투자는 현재 사업이 진행되지 않지만, 앞으로 추진 이야기가 나올만한 아파트를 미리 매수하는 것이다.

리모델링 이야기가 나올 확률이 높은 곳을 찾아 먼저 투자해 놓고 차후 사업 추진 소식이 나와 투자자들이 매수하고 싶어 몰려올 때 매도해 수익을 실현하면 된다.

내가 투자했던 위 아파트는 2019년까지 가격이 낮아 리모델링 이
야기조차 나오지 않았다. 2020년 수원의 아파트 가격이 거의 다 오르

면서 이 아파트도 사업성이 나오는 가격에 진입하게 됐다. 2020년 말부터 리모델링 이야기가 돌면서 집값이 크게 상승했다.

2019년 1월, 나는 아무도 관심 두지 않을 때 리모델링 이야기가 나올 거로 예상해 매수했고, 2021년 2월 투자자들 사이에서 리모델링 가능성이 크다고 소문이 나 매수세가 몰릴 때 매도했다. 눈먼 부동산 자금은 여기로 모여들 것이다.

지방 아파트 투자의 도래

썩빌과 리모델링 투자로의 흐름이 왔고 현금이 적어도 가능해 초보까지 합류한다고 언급했다. 그런데 이마저도 불안해할 초보 투자자라면 투자금도 적게 들고 수익도 낼 방법이 없을까? 지방 부동산 갭 투자로 눈길을 돌리면 된다.

지방 부동산 시장을 살펴보자.

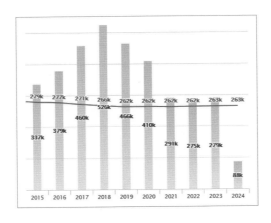

지방도 2018년에 입주 물량이 가장 많았고 그 후 감소하고 있다. 2021~2023년까지는 공급이 부족한 지역이 많아 집값이 오를 환경이 조성됐다.

그러나 조심해야 할 지점이 적지 않다. 그래프만 봤을 때 2024년은 공급 부족으로 나오지만, 지방은 집값이 오르면 건설사들이 빠르게 밀어내기 분양을 할 수 있어 금세 공급 과잉 구간으로 접어들 수 있다. 수도권과 달리 멸실이 동반되지 않고 주변 빈 땅에 택지지구를 지정해 아파트를 지을 수 있어 공급 속도가 빠르다.

양도세 중과 주택 수 포함 여부

구분	내용
양도세 중과 대상	조정 대상 지역
양도세 중과 주택 수 포함	서울, 경기(읍면 제외), 인천(군 제외), 광역시(군 제외, 세종(읍면 제외) 주택 지방과 경기/세종(읍면), 광역시(군) 지역 공시가격 3억 원 초과 주택
양도세 중과 주택 수 미포함	지방과 경기/세종(읍면), 광역시(군) 지역 공시가격 3억 원 이하 주택

지방 부동산 투자에서 복병은 세금이다. 공시가격 1억 이하 주택을 매수하면 취득세가 중과되지 않고, 서울·경기·세종시·광역시를 제외한 공시가격 3억 이하라면 다주택자라도 양도 시 중과하지 않는다.

청주, 천안, 공주, 논산, 전북 전주, 경남 창원, 포항 남구, 전남 여수, 순천, 광양이 여기에 해당한다.

서울에 공시가격 5억 아파트 한 채와 청주, 전주, 창원에 공시가격 3억 이하의 집이 각각 3채 있다고 가정해 보자. 서울 집을 먼저 양도하면 세금은 어떻게 계산될까? 4채로 취급해 기본세율에 30%가 더해질 거로 예상하겠지만 그렇지 않다.

청주, 전주, 창원의 집은 양도세 중과 주택 수에 포함되지 않아 서울의 한 채를 양도하는 것으로 간주한다. 물론 서울의 아파트가 비과세 될 예정이라면 방해가 될 수 있다.

개인의 경우 양도 세율이 2021년 6월 1일 자로 높아졌다. 최소 2년은 보유하고 양도해야 기본세율을 적용받는다. 임대차 3법으로 세입자가 최소 4년간 전세로 살 수 있어 개인투자자로서는 4년 후에 집을 매도할 위험도 도사린다. 지방 부동산이 4년 후까지 좋으리라는 보장은 없다.

아무튼 2021년 현재, 법인과 개인투자자들은 공시가격 1억 이하나 지방의 공시가격 3억 이하로 재건축 이야기 나올 만한 30년 이상 된 싼 아파트로 투자 행렬을 이어나가고 있다. 개인투자자들이 지방 아파트에 투자할지 말지는 선택이고 법인투자자라면 2021~2022년이 기회가 될 수 있다. 이들은 단기투자가 가능하고 양도 세율도 개인보다 낮기 때문이다. 모두 시장 상황을 주기적으로 살펴보고 매수/매도에 능란한지 스스로 판단하는 일이 먼저다.

예술적 매도 타이밍

매수는 기술, 매도는 예술이라는 말이 있을 정도로 최적의 파는 타이밍을 찾는 일은 대단히 어렵다. 나는 매도 원칙을 몇 가지로 압축해 두었다.

첫째, 수도권 부동산 사이클 하락이 오기 전에 한다.

수도권의 정점이 언제일지 정확히는 아니더라도 2026~2027년쯤으로 예상한다. 물론 일시적 등락은 있을 것이다. 이 역시 부동산의 공급 원칙에 따른다. 단, 서울시장과 국토교통부 계획이 실제 잘 진행돼 입주 물량이 현실화했을 때만 해당한다.

만일 2026년 12월이 부동산 상승장의 꼭대기라고 가정하면 매도는 언제가 맞을까? 아마도 그해 11월이 최고가격대이므로 이때 팔면 더할 나위 없이 좋을 것이다. 그러나 이건 꿈에 지나지 않는다.

가격은 최고지만, 이때는 이미 매수자가 없어 팔기 어려울 뿐만 아니라 몇 개월 후 하락장을 맞아 가격이 뚝뚝 내려가 기나긴 하락장을 지내야 한다. 집을 보유하면서 잘못하면 '집 거지'로 전락할 수 있다.

매도는 그 1년 전인 2025년 12월에 하는 게 좋다. 이때까지는 가격도 많이 올라 있는 데다가 매수세는 지속하기 때문이다.

더 가지고 있으면 집값이 오르는데 왜 1년 전에 빨리 팔아야 할까? 안전하게 매도하기 위해서다. 주식 매매에서도 무릎에 사서 어깨에 팔라는 격언이 있다. 머리 부근을 노리다가 허탕 치는 실패 사례는 지금도 반복되고 있다.

내 경험상 사람들이 서로 매수하고 싶어 할 때 왕 대접받으며 매도하는 게 최상이다. 삼촌이 2008년 9월 아파트 매도 계약을 체결한 적이 있다. 2000년부터 지속한 집값 상승세가 최고점인 시기였다. 그러다 2008년 10월 이후부터 본격적으로 매수세가 사라지고 집값이 내려가기 시작했다.

이보다 한 달 전이니 집을 최고가에 매도했다며 으쓱하던 분이 얼마 후 시무룩해져 나타나셨다. 집을 사겠다고 한 사람이 계약금을 포기하고 계약을 취소했던 것이다.

물론 계약금이 내 돈이 돼서 좋았겠지만, 삼촌은 그렇게 하락장을 맞아 집을 강제로 보유하다가 바닥을 다지고 상승 초입에 진입하자 홀라당 매도를 해버렸다. 그렇게 매도하고 나서 얼마 후 집값은 본격적으로 올랐다.

부동산 시장 정점의 시그널은 집값이 오르며 거래가 활발하다 갑자기 거래량이 급격히 줄어드는 것이다.

정부의 인위적 규제로 인해 거래량이 줄어드는 것이 아니라 시장에서 알아서 돌아가다 집값이 너무 비싸져 더 이상 매수할 수요자가 없는 시점에 갑자기 거래량이 줄어들면 하락의 징조다.

부동산의 정점에서 팔려고 욕심을 부리면 이와 같은 상황이 벌어지는데 현실에서 비일비재하다.

집값은 하락장이 올 때까지는 오르지만, 정점 6개월 전부터 매수세는 급격히 줄어든다. 시장이 좋아지지 않을 것으로 보이면 보이지 않는 손에 의해 거래량이 급격히 줄어들고, 집값이 너무 올라 사람들이 더는 사려고 하지 않는 상황이 발생해 매수세가 사라진다. 수익이 났으면 매도하는 연습과 지혜도 필요한 것이다.

둘째, 목표 수익을 정한다.

이건 어떤 투자에도 적용되는 원칙이다. 많이 오르면 오를수록 좋겠지만, 이렇게 막연하면 매도는 점점 어려워진다. 주식 투자의 고수들도 대부분 15% 또는 20% 하는 식으로 수익률에 도달하면 뒤도 돌아보지 않고 팔아 수익을 올린다. 팔고 나서는 더 오르든 내리든 신경 쓰지 않는다.

부동산 투자는 주식 투자에 견줘 목표 수익률 없이 막연하게 '더블' 또는 '다다익선'을 염두에 둔다. 부동산 투자는 금액 자체가 크니 5천만 원을 투자했으면 3천만 원 정도 수익이 나면 기계적으로 팔겠다고 목표를 정하는 버릇을 길러야 한다. 여기서 말하는 수익 금액은 정하기 나름이다.

4

썩빌과 리모델링
실전 투자법

썩빌 투자법

자료: 서울시

재개발 이야기가 나올 만한 썩빌(오래된 빌라) 투자를 위해 꼭 알아야 할 것이 있다. 재개발 구역이 되기 위한 법적 요건이다.

박원순 서울시장 때는 필수항목인 노후도 2/3 이상, 구역면적 1만

㎡ 이상, 노후도(연면적) 60% 이상, 평가점수 70점 이상 이 4가지를 모두 동시에 충족해야 재개발 구역으로 지정할 수 있었다. 이 까다로운 조건 탓에 박 시장 이후로 새로 지정된 재개발 구역은 0이었다.

신임 서울시장은 필수항목에서 노후도(연면적)와 평가점수 70점 이상을 뺐다. 선택항목도 간소화했다. 이로써 재개발 구역 지정이 한결 수월해졌고, 많은 재개발 이야기가 나올 수 있게 됐다.

규제 완화 이후 재개발 구역으로 지정되려면 100가구 중 66가구 가 노후주택이고, 구역면적이 3,300평이면 가능하다.

여기서 '노후주택'이란 철근콘크리트로 지은 집은 20년, 그 외에는 30년 이상인 주택이다. 쉽게 말해 빌라(다세대주택)와 '빨간 벽돌'로 된 20 년 넘은 집이 많으면 조건에 충족된다.

'접도율'이란 집이 도로와 접해 있는지다. 현장에 갔더니 집으로 가 는 도로가 좁고, 길이 없거나 협소한 주택이 많다면 지정 조건에 맞는 다. 불이 나도 소방차가 들어가기 어렵고 꼬불꼬불 골목길이 많다고 보 면 된다.

집을 만드는 데 필요한 최소면적이 있는데 이를 충족하지 못하는 땅을 가진 집을 '과소필지'라고 한다. 예를 들어 낙후도가 높은 구역의 주택은 대지 5평 이하가 많다. 5평 땅을 가진 집에 2종일반주거지역이 라면 건폐율 60%를 적용해 3평짜리 집을 지을 수 있는데, 3평짜리 집을 만들 수도 없고 비용도 많이 들어 이런 곳의 집은 전부 다 헐고 재개발해 아파트를 짓는 게 최선이다.

'호수밀도'는 집과 집 사이의 공간이 얼마나 떨어져 있는지를 나타낸다. 옆집과의 공간 없이 다닥다닥 붙어 있는 집들이 많으면 재개발 가능성이 크다.

결론적으로 서울을 포함한 수도권에서 썩빌 투자는 지도에서 20~30년 된 노후주택이 많은 곳을 찾는 데서 출발한다. 그리고 노후주택이 많은 곳은 〈부동산 플래닛〉 사이트를 이용하면 편리하다.

이 화면의 위 카테고리에서 '실거래가조회'를 클릭하면 아래 그림이 나온다.

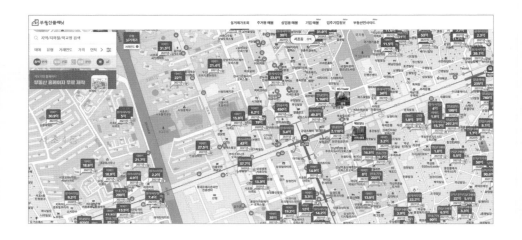

여기서 왼쪽의 검색창에 주소를 입력해도 되고, 오른쪽에서 "탐
색"을 클릭하면 아래 화면이 나온다.

빨간색으로 표시된 곳이 노후주택 밀집 지역이다. 빨간색이 점점 진해질수록 연식이 오래된 주택을 의미한다. 재개발 가능성 있는 투자 후보 지역이다.

아래는 이태원역 주변이다. 위쪽으로는 파란색이 많이 보이는데 파란색이 진할수록 연식이 얼마 되지 않은 신축 주택이다. 이런 곳은 재개발 확률이 낮다.

아래 집들은 내가 직접 현장에 나가 찍은 투자 1순위 주택가의 모습이다. 빨간 벽돌로 지은 집이 많이 보인다는 공통점이 있다.

인천 서구 재개발 구역

대전 중구 재개발 구역

서울 종로구 재개발 예정 구역

경기도 성남시 재개발 구역

서울 마포구 재개발 구역

서울 성북구 재개발 예정지

인천 계양구 재개발 구역

수원 영통구 재개발 구역

재개발 구역에 가보면 단독, 다가구, 빌라 등 여러 주택이 혼재돼 있는데 이 중에서 빌라를 골라 투자하면 된다.

전체 구역에서 단독주택 비율이 높으면 사업성은 좋지만, 진행이 느린 단점이 있다. 반대로 빌라 비율이 높으면 사업 진행은 빠르지만, 사업성이 좋지 않다.

예를 들어, 단독주택 땅 크기가 50평인데 소유자는 1명이다. 바로 옆 빌라도 50평인데 소유자는 8명이다. 빌라는 한 가구당 대지지분이 6평이라도 입주권이 8명에게 각각 하나씩 나온다. 땅은 똑같은 50평인데 단독주택 소유자도 입주권 1개, 빌라 소유자도 입주권 1개를 주면 불공평하다. 그래서 현장에 가보면 재개발을 반대하는 사람들은 대부분 단독주택 소유자들이다.

따라서 아래의 요건을 갖춘 빌라가 가장 사업성이 좋다.

첫째, 공시가격 1억 이하 빌라

계속 강조하는 요건이다. 다주택자나 법인들이 이 가격대여야 취득세가 중과되지 않아 매수하려 몰려든다. 이들이 투자하지 못하는 지역과 빌라라면 매물 소진이 어려워 가격상승에 한계가 있다.

둘째, 적은 투자금

투자자들은 매매가격 1억에 전세 8천보다, 매매가격 1억2천에 전세 1억1천으로 갭 적게 드는 빌라를 더 선호한다. 아파트 갭 투자와 비슷하다. 적은 돈 들여 큰 수익 내길 바란다.

셋째, 최대한 싼 가격

낡은 곳의 빌라 전세가는 아파트처럼 높지 않다. 이곳에 전세 사는 사람들은 소득이 낮아 국가에서 보증하는 대출을 받고 들어온다. 이 지역은 앞으로 공급이 많든 부족하든 아파트와 달리 전세가가 크게 오르고 내릴 일이 없다.

이 정도만 알면 자기 힘으로 좋은 물건을 찾을 수 있다.

재개발될 빌라
리모델링할 아파트

썩빌 투자 사례

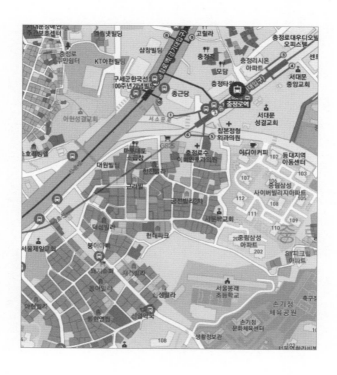

2018년 충정로역에 있는 현재 아현1구역에 투자했다. 재개발 구역 지정이 되지 않았을 때다. 빨간색으로 표시된 노후주택이 많아 노후도가 충족됐고 구역면적도 1만㎡ 이상이었다.

당시엔 연면적 노후도도 봐야 하는데 요건이 충족되리라 예상해 5천만 원으로 투자했다. 2019년 재개발 구역으로 지정한다는 소문이 돌아 투자자들이 매수하러 몰려올 때 2억 원의 수익을 보고 팔고 나왔다.

신대방역 3번 출구 쪽도 재개발 구역으로 지정돼 사업이 진행 중인데, 3년 전부터 강의 때 이곳이 재개발 진행 가능성이 크다고 추천했다.

이곳은 땅의 용도가 3종일반주거지역, 준주거지역으로 구성됐고 노후도도 충족했다. 신대방역이 있는 데다 문창초등학교도 품고 있으며 근처에 신안산선도 개통 예정이라 개발 압력이 높았다.

반면 신대방삼거리역 주변을 보면 온통 파란색으로 신축 주택이 많다는 뜻이다. 이런 곳은 재개발 사업 요건이 충족되지 않아 소문조차 나오지 않을 테니 쳐다보지도 말자.

구로역 아래 구로초등학교 왼쪽과 신구로초등학교 왼쪽 구역은 재개발 이야기가 나올 확률이 높다.

리모델링 투자법

리모델링 예정 아파트는 어떻게 찾을까? 다음 4가지만 숙지하자.

> ❶ 단일평형
> ❷ 용적률 180% 이상
> ❸ 사업성이 나오는 평당 가격(지역마다 다름)
> ❹ 주차장 부족한

① 단일평형

아파트를 보면 20~60평까지 여러 평형으로 구성된 아파트는 리모델링 확률이 낮다. 서로 다른 평형을 가진 사람들의 이해관계가 부딪혀

단합이 잘 이뤄지지 않기 때문이다.

　　다음과 같이 여러 평형으로 구성된 아파트는 리모델링이 힘들다고
보면 된다.

평형 선택			✕
12평 360세대	공급 40㎡ 전용 29㎡	**매매** **전세**	5억 5,000 1억 9,370
14평 414세대	공급 49㎡ 전용 35㎡	**매매** **전세**	6억 1,500 2억 6,250
22평 40세대	공급 73㎡ 전용 59㎡	**매매** **전세**	9억 3,000 5억 5,000
24평 209세대	공급 80㎡ 전용 59㎡	**매매** **전세**	8억 9,000 3억 6,750
33평 351세대	공급 111㎡ 전용 85㎡	**매매** **전세**	13억 4,000 5억 2,500
36평 20세대	공급 121㎡ 전용 102㎡	**매매**	11억
47평 50세대	공급 157㎡ 전용 135㎡		
49평 512세대	**공급 164㎡** **전용 135㎡**	**매매** **전세**	15억 7,667 6억 6,100
54평 160세대	공급 181㎡ 전용 149㎡	**매매** **전세**	16억 7억 8,700
59평 267세대	공급 195~197㎡ 전용 164~165㎡	**매매** **전세**	17억 6,000 7억 3,500
67평 1세대	공급 224㎡ 전용 194㎡		
77평 35세대	공급 255~256㎡ 전용 215~221㎡	**매매** **전세**	18억 9,000 8억 2,950

평형 선택			✕
25평 공급 85㎡		매매	11억 5,000
358세대 전용 59㎡		전세	3억 450
27평 공급 91~92㎡		매매	11억 7,000
412세대 전용 67㎡		전세	5억

여러 평형으로 구성된 아파트가 무조건 리모델링되지 않는다는 뜻이 아니다. 살고 있는 거주민들의 단합이 잘되면 사업이 진행될 수 있다. 거주민의 의지에 달렸다.

반면 20평대 단일평형으로만 구성된 위 아파트는 단합이 잘돼 추진위가 조기에 결성될 확률이 높아 리모델링을 사업 추진이 원활할 수 있다. 투자 타깃은 이런 곳이다.

② 용적률 180% 이상

재건축은 용적률이 180% 미만이어야 사업성이 나온다고 한다. 반대로 180% 이상의 용적률을 가진 아파트들은 재건축 사업성이 나오지 않는다는 뜻이니 리모델링이 유리하다. 다시 말해 리모델링 투자는 용적률 180% 이상 아파트 중에서 찾으면 된다.

용적률은 최소가 180% 이상이고, 최대한도는 상관없다. 현재 용적률이 400% 아파트라 해도 리모델링은 현재 아파트 층수가 15층이면 3개 층을 더 만들 수 있다. 이것이 일반분양 물량으로 수익을 내고 조합원들의 분담금을 낮춰준다. 만일 14층 아파트면 2개 층을 더 지을 수 있다.

현재 우리나라에서 수직증축은 안정성 면에서 불가능하고 수평이나 별도의 동을 새로 만들어 분양하고 있다.

③ 사업성 나오는 평당 가격

정비사업은 그야말로 사업으로서 수익이 나야 진행된다. 만약 평당 가격이 1,500만 원일 때 리모델링 이야기가 나오지 않는 이유는 해봐야 이익이 되지 않기 때문이다. 최근 리모델링을 추진하는 아파트가 여럿 등장하는 이유는 마침내 수익이 나는 선을 넘은 까닭이다.

지역마다 사업성이 나오는 평당 가격 수준은 천차만별이다. 지방이 경우 대전 서구는 평당 1,300만 원, 경기도 용인은 평당 1,500만 원이 돼야 사업 이야기가 나온다.

그럼 투자자로서 해야 할 첫 번째는 무엇일까? 관심 지역에서 리모델링 뉴스가 나오는 아파트가 있을 때 그 아파트의 평당 가격을 알아보는 일이다.

평당 1,000만 원에도 리모델링이 진행되면 평당 1000이 넘는데도 아직 사업 이야기가 나오지 않는 아파트를 찾아 투자해 놓으면 된다.

④ 주차장

사람이 살아가는 데 자동차는 필수다. 집은 없어도 차는 가구당 최소 한 대씩 있다. 주차장이 지하에 있어 공간이 여유롭고 집과 바로 엘리베이터가 연결된 아파트는 리모델링 추진 욕구가 없을 수 있다.

반대로 지하 주차장은커녕 엘리베이터도 집과 연결되지 않으며 주차장이 비좁고 부족해 이중, 삼중주차를 밥 먹듯이 하는 살기 불편한 아파트라면 리모델링을 추진하자는 이야기가 나오기 쉽다. 즉 주차장이 부족하고 살기 불편한 아파트가 리모델링 투자 타깃이다.

부동산 투자는 이미 입지가 좋고 사람들이 서로 살고 싶어 하는 곳에 하는 게 아니다. 그런 아파트는 이미 이점들이 모두 반영돼 값이 비싸다. 현재 사람들이 불편해하고 꺼리는 무언가가 있지만, 그것이 사라지거나 해소될 아파트가 앞으로 큰 수익을 안겨줄 투자지다.

위와 같이 4가지 요건을 갖춘 아파트가 있다면 앞으로 리모델링 이야기가 나올 확률이 아주 높다. 미리 투자해 두고 기다리면 다음 단계로 리모델링 이야기가 등장하고 그 뒤 단톡방 등에 소문이 돌아 투자자들이 그 아파트로 들어올 것이다. 그때가 매도 타이밍이다.

만일 투자해 둔 아파트에 리모델링 소식이 나오지 않으면 기다리지만 말고 단톡방 등에 적극적으로 소문을 내보자.

리모델링 투자 사례

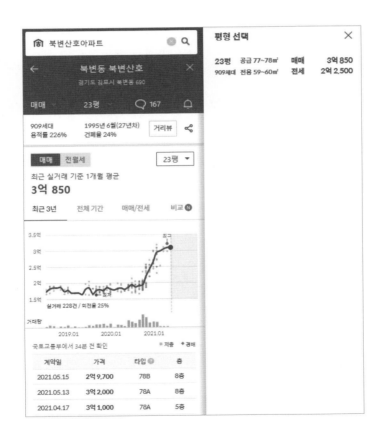

2020년 1월에 매수한 김포 북변 삼호아파트다. 이 아파트는 23평 단일평형으로만 구성됐다. 용적률이 226%로 재건축은 어렵고 리모델링 사업이 유력하다.

매수 때 평당 가격이 약 790만 원이었고, 리모델링 가능성을 누구도 생각하지 못했다. 이때 내 판단은 '시간이 지나 김포에서 공급이 급격히 줄고 집값이 오르겠다.'였다. 사업성이 나오는 때가 되면 리모델링 이야기 나오겠다고 확신해 과감히 매수했다.

평당 가격이 1,100만 원 이상이 되면서 거주민 사이에서 리모델링을 추진해보자는 이야기가 나왔다.

도는 그러나 참여도가 예상 외로 높자 △군포 충무주공2단지(476가구) △의왕 목련풍림아파트(354가구) △성남 정든마을한진7단지(382가구) △부천 삼익세라믹아파트(781가구) △용인 동성1차아파트(684가구) △김포 북변산호아파트(909가구) 등 6곳을 추가로 선정해 총 8곳에 대해 컨설팅 지원을 하기로 했다.

최근 이 아파트는 경기도의 리모델링 시범단지로 선정돼 컨설팅 지원까지 받게 됐다. 2021년 가격은 3억에 이른다.

- 아파트
- 1995년 6월(27년차)
- 최고 13층
- 건폐율 24%
- 개별난방
- 평지에 있는 단지 ②
- 909세대
- 9개동
- 용적률 226%
- 계단식
- 도시가스

76C

주차공간 부족 ② 세대당 1.2 1.5 3대

　이 아파트는 주차장이 부족해 이중 삼중으로 주차해야 하는 불편함을 자랑(?)한다. 주민들이 리모델링 사업 욕구가 높을 수밖에 없다.

3개의 과정만 거치면 투자처가 보인다

① 인허가실적

투자는 앞으로 공급이 부족해질 지역이다. 공급에는 여러 방식이 있는데 모두 '인허가'를 거친다. 이는 집을 짓기 전에 시·군·구청에 허가를 받는 일이다. 인허가를 받고 나서 평균 3~4년 뒤에 아파트를 지어 입주한다. 인허가 없이는 집을 지을 수 없으므로 인허가실적만 알고 있다면 그 지역의 공급량을 가늠해볼 수 있다. 구분을 짓자면 단독·다가구주택은 '인허가', 아파트는 '분양승인'을 받는다고 한다.

인허가한 물량은 3~4년 뒤에 나올 입주 물량으로 보면 된다. 어떤 지역에 인허가가 계속 많아지면 앞으로 나올 입주 물량도 많아질 거라는 신호다. 인허가 추이를 봤더니 계속 감소 추세에 있다면 앞으로 나올 입주 물량이 줄어 공급이 부족해질 거로 보면 된다.

인허가 통계는 〈국가통계포털〉에 들어가면 찾을 수 있다.

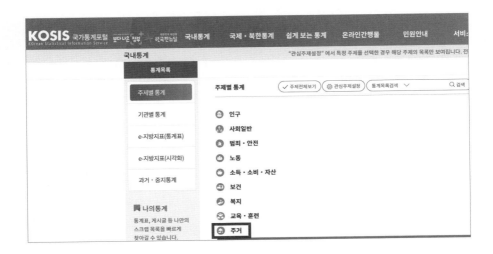

'국내통계 – 주제별통계'를 누른다.

여러 통계 중 '주거'를 누른다.

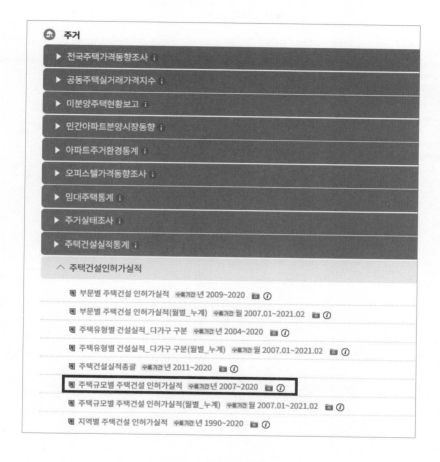

'주택건설실적통계'를 누르면 인허가실적, 착공, 준공실적이 나오는
데 우리는 '인허가실적 통계'를 중점적으로 보면 된다. 참고로 착공은

아파트 건설 시작을, 준공은 완성을 뜻한다. 인허가실적 중 '규모별 인허가실적'을 누르면 아래 화면이 나온다.

가로 항목 중 '시도별'에서 보고 싶은 지역을 누른다. '경기'를 선택해 살펴보자.

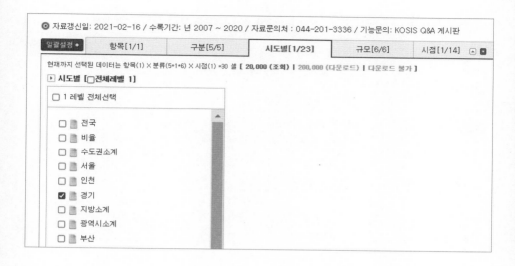

규모를 클릭해 '계'를 선택한다.

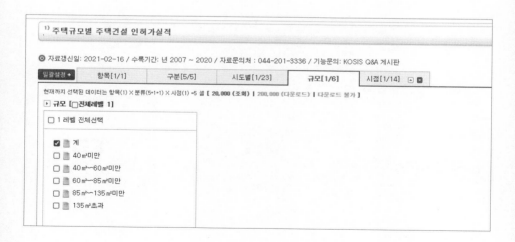

'시점'에서 과거부터 2020년까지 인허가는 어땠는지 확인한다.

오른쪽에 '통계표조회'를 누르자.

여기서 '차트'를 누르면 그래프가 나온다.

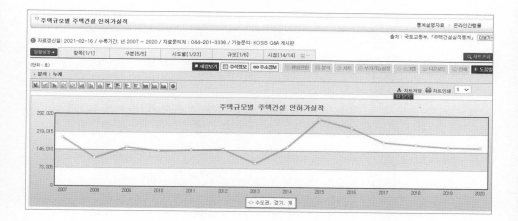

2007~2020년까지 경기도 전체 인허가실적을 볼 수 있다. 2014년 부터 늘어나기 시작해 2015년 정점을 찍고 그 이후 인허가가 줄기 시작해 앞으로도 감소 추세다.

2015년의 인허가 물량은 3년 뒤인 2018년과 2019년에 걸쳐 입주물량으로 나온다는 뜻이고, 과거 2018~2019년엔 공급이 가장 많았던 해로 2018년 말부터 2019년 중반까지 시장이 주춤해지며 조정 기간을 맞았다. 사람들은 2018년 9·13대책으로 조정을 받았다고 알지만, 실제는 공급이 많아서였다. 2020년에 받은 인허가는 2023~2024년에 걸쳐 나올 입주 물량이다.

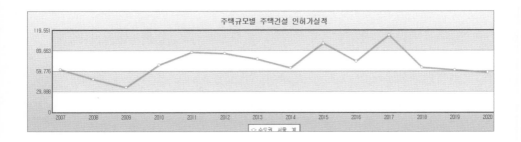

서울 인허가실적을 보면 2015년에 증가했다. 2017년에 최고점을 찍고 난 뒤 많이 감소했다. 2017년도에 서울에 인허가가 최고점을 찍은 이유는 2018년 1월부터 재건축초과이익환수제가 시행돼 그 전에 인허가를 받아야 규제를 피해갈 수 있었던 데 있다. 이때 강남의 많은 사업장이 밀어내기로 관리처분인가를 받았다.

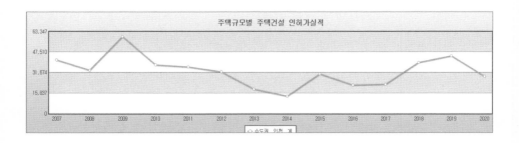

인천은 인허가가 점차 증가 추세다. 경기도와 같이 2015년에 반짝 늘어난 뒤 2018년, 2019년에 다시 늘어나고 있다. 이 물량을 고려하면

3~4년 뒤인 2021~2023년에 경기도, 서울과 달리 인천은 공급이 많아진다. 대부분은 검단 신도시 물량이다. 신도시는 모두 일반물량이므로 시장에서 100% 공급 순증 효과를 가져온다.

공급 과잉이면 전세가가 힘을 쓰지 못하고, 뒤이어 매매가도 하락한다고 알고 있지만, 인천에서 나올 공급은 경기도 감소분을 고려하면 수도권 집값을 하락시킬 위험 요인은 아니다.

이 통계로 전국의 인허가실적을 확인하면서 앞으로 어디가 공급이 많고 줄어드는지 살펴본다. 인허가가 감소하는 곳이 투자 지역이다. 단, 이 통계는 시도별로만 작성돼 있다.

다시 확인하지만, 수도권 인허가는 앞으로 감소 추세에 있고 이는 3~4년 후에 입주 물량이 줄어들어 공급 부족 현상을 빚을 것이다.

② 공급

인허가실적으로 투자 지역을 선정한 다음에 실제 공급을 검색해 봐야 한다. 이 통계는 〈부동산지인〉에서 찾는다.

홈에 들어가서 '수요/입주 플러스'를 누르면 전국의 과거부터 3년 후까지의 입주 물량이 나온다. 책에 등장하는 그래프는 이곳에서 가져온 것이다. '경기도'를 선택해 보자.

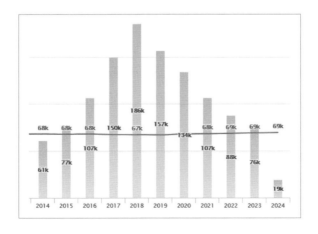

경기도 전체의 입주 물량 그래프다. 굵은 가로 선은 수요를 나타내지만, 적정수요가 아니라는 점을 강조했다. 2023년까지 입주 물량이 수요보다 많아 공급 과잉으로 보이지만 절대 그렇지 않다. 수요는 무시하고, 막대그래프 입주 물량만 보고 판단하면 된다.

경기도 전체의 적정 공급량은 어떻게 알 수 있을까? 정확히는 어렵지만, 근사치는 알 수 있다. 시계열이다. 과거 경기도의 입주 물량과 아파트 매매가격지수를 함께 보면서 매매가격지수가 언제 하락했는지 보면 적정 공급량을 간접적으로 알 수 있다.

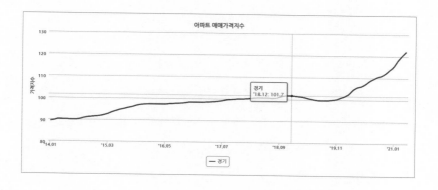

예를 들어, 경기도의 2018년 12월 아파트 매매가격지수가 상승세를 타다 정점을 찍은 뒤 몇 개월간 하락한다. 이때 2018년도 입주 물량을 봤더니 약 18만 6천 호였다. 15만 호가 공급된 2017년에 급격한 상승은 아니라도 경기도 아파트 매매가격이 완만하게 상승한 걸 보면 15만이라는 공급은 부족도 과잉도 아니다.

2018년은 15만 이상으로 약 18만 호의 입주 물량이 나오니 아파트 가격이 오르지 못하고 약간 내리며 조정을 보인다. 경기도의 적정 공급물량은 약 15만 호라는 사실을 유추할 수 있다. 2019년 입주 물량이 약 15만 7천 호로 감소했고 실제 아파트 매매가격지수를 보면 2019년 7월까지 하락하다가 바닥 찍고 난 뒤 재상승한다.

경기도의 2020년부터 2023년까지 입주 물량은 점점 감소 추세다. 적정 공급량 수준인 15만 호 밑을 맴돈다. 경기도는 계속 공급 부족이고, 집값 상승을 예상할 수 있다.

공급을 볼 때는 제일 먼저 '전체'를 체크하고 그 후 '부분'으로 넘어간다. 예를 들어 경기도 전체의 공급이 앞으로 부족해진다는 사실을 확인했으니 그 후 투자할 경기도에 속한 00시가 어떤지 찾아보는 것이다. 경기도 전체 공급이 앞으로 과잉으로 나오는데 00시만 부족하다고 이 지역 집값이 오르긴 어렵다.

같은 생활권인지도 고려 대상이다. 만일 대전에 투자한다고 치면, 앞으로 공급 부족으로 나온다고 안심하고 투자해선 실패할 수 있다. 대전은 반드시 세종과 묶어서 봐야 한다. 앞으로 세종에 많은 물량이 예정돼 있다면 공급이 없는 대전에도 영향을 미쳐 집값 상승은 한계가 있다. 대전과 세종처럼 '부·울·경(부산, 울산, 경남)'과 '여·순·광(여수, 순천, 광양)'도 대표적인 동일 생활권이다.

③ 미분양

미분양은 전체 미분양과 준공 후 미분양으로 나뉜다. 청약 홈에서 청약한 후 완판되지 않고 일반물량이 남으면 '미분양이 됐다'라고 말한다. 미분양은 분양가가 높거나 부동산 시장이 좋지 않을 때 생긴다.

분양가 상한제로 규제지역은 시세대로 분양가를 책정하지 못하고 정부에서 강제적으로 낮게 분양하도록 강제해 로또 분양이 생겨나고 있다. 시세는 10억인데 7억에 분양하면 당첨된 사람은 앉은 자리에서 3억의 차익을 얻는다.

'준공 후 미분양'이 있다. 전체 미분양은 투자자인지 실수요자인지 청약 주체를 분간할 수 없는데 반해 준공 후 미분양은 실수요자가 그 지역에서 집을 사는지 알 수 있게 해준다.

투자자들이 청약하는 이유는 계약금으로 분양가의 10%만 내고 소유권을 가지고 있으면 프리미엄이 붙기 때문이다. 어느 정도 프리미엄이 붙으면 매도한다. 이들은 입주 때 잔금 치를 생각뿐만 아니라 현금도 없어 끝까지 보유하는 경우가 드물다.

그러나 실거주자는 다르다. 그들은 입주 후에도 거주할 생각이기에 준공되면 잔금을 치른다. 이때 시장이 좋아 당첨된 아파트 가격이 오를 거로 예상하면 사고, 그렇지 않으면 포기한다.

집값이 오르내리는 데 중요하게 영향을 미치는 사람들이 이 실수요자다. 투자자들끼리 서로 주고받으며 가격을 올리는 데는 분명한 한계가 존재한다. 투자자와 실수요자가 동시에 시장을 좋게 봐서 미분양뿐만 아니라 준공 후 미분양이 감소하는 지역이 투자 적격지다. 이 지표를 찾아보자.

〈국토교통부〉에 들어가서 "뉴스·소식-보도자료-주택토지" 순서로 누른다.

　화면 중앙을 보면 여러 보고서가 올라와 있다. 미분양 현황이 매달 말에 여기서 발표되니 주기적으로 확인하고 투자에 활용하면 된다. '21 년 3월 미분양'이라고 쓰인 것을 누르면 보고서를 내려받을 수 있다.

보도자료

[공유] [인쇄]

'21년 3월 미분양 전국 15,270호, 수도권 1,520호

- 전월 대비 전국 미분양 3.3% 감소

· 담당부서 주택정책과   · 등록일   2021-04-29 11:00   · 조회수   1177

· 첨부파일 [HWP] 210430(조간) 21년 3월 미분양 전국 15270호_수도권 1520호(주택정책과).hwp (1008Kbyte) [🔍 바로보기]
　　　　　 [PDF] 210430(조간) 21년 3월 미분양 전국 15270호_수도권 1520호(주택정책과).pdf (361Kbyte) [🔍 바로보기]

국토교통부(장관 직무대행 윤성원)는 '21. 3월 기준 전국의 미분양 주택이 총 15,270호로 집계되었으며, 전월(15,786호) 대비 3.3%(516호) 감소하였다고 밝혔다.
* '20.3월 38,304호 → '20.7월 28,883호 → '20.11월 23,620호 → '21.3월 15,270호

수도권은 1,520호로 전월(1,597) 대비 4.8%(77호), 지방은 13,750호로 전월(14,189호) 대비 3.1%(439호) 각각 감소한 것으로 나타났다.
* (수도권) '20.3월 4,202호 → '20.7월 3,145호 → '20.11월 3,183호 → '21.3월 1,520호
* (지 방) '20.3월 34,102호 → '20.7월 25,738호 → '20.11월 20,437호 → '21.3월 13,750호

준공 후 미분양은 9,965호로 전월(10,779호) 대비 7.6%(814호) 감소한 것으로 나타났다.
* '20.3월 16,649호 → '20.7월 18,560호 → '20.11월 14,060호 → '21.3월 9,965호

규모별로 전체 미분양 물량을 보면, 85㎡ 초과 중대형 미분양은 560호로 전월(584호) 대비 4.1%(24호) 감소하였고, 85㎡ 이하는 14,710호로 전월(15,202호) 대비 3.2%(492호) 감소한 것으로 나타났다.

이와 같은 전국 미분양 주택 현황은 국토교통부 국토교통통계누리(http://stat.molit.go.kr)에서 확인할 수 있다.

[목록]

한글파일과 pdf 파일이 있는데 아무거나 선택한다.

![국토교통부] 국토교통부	**보 도 자 료**	![한국판뉴딜] 대한민국 대전환 **한국판뉴딜**
	배포일시	**2021. 4. 29.(목)** 총 4매(본문2, 붙임2)
담당 부서 주택정책과	**담당자**	• 과장 장우철, 사무관 이중곤, 주무관 유성준 • ☎ (044) 201-3325, 3336
보 도 일 시		2021년 4월 30일(금) 조간부터 보도하여 주시기 바랍니다. ※ 통신·방송·인터넷은 4.29(목) 11:00 이후 보도 가능

'21년 3월 미분양 전국 15,270호, 수도권 1,520호

- 전월 대비 전국 미분양 3.3% 감소 -

'전국 미분양 현황'이 나온다. 수도권 전체의 미분양 수치와 지방 전체의 미분양 현황을 볼 수 있다. 규모별 미분양 현황도 확인할 수 있는데, 85타입 초과 대형주택의 미분양이 560호로 시장에서 크게 부족함을 알 수 있다. 공급이 부족한 대형주택을 노리는 게 유효하다.

아래 '미분양주택 수'를 보면 '전체'와 '준공 후'라고 되어있다. 전체는 앞에서 말한 그냥 미분양이고, 준공 후는 입주하고 나서도 미분양인지 알 수 있는 지표다.

최근 수치를 보면 역대 최저치를 찍고 있다. 미분양이 최저치라는 말은 현재 시장에 새 아파트가 부족하다는 근거이고 이렇게 새 아파트들이 미분양이 줄면서 재고가 없어지면 구축 아파트가 그다음으로 팔리면서 가격이 상승하리라 예상하면 틀림없다. 2021년 앞으로 나올 미분양도 계속 감소 추세일 것이며 집값은 오른다.

수도권 미분양은 1만5천 호가 기준점이다. 미분양이 그 이상 증가하면 부동산 시장이 좋지 않다고 예상하면 된다. 현재 수도권 미분양은 1520호로 공급이 극도로 부족한 상황이다. 지방 전체 미분양 기준점도 1만5천 정도로 보면 된다. 다음 등식을 기억하자. 미분양 감소 = 집값 상승 신호, 미분양 증가 = 집값 하락 신호

| 참고 1 | '21.3월말 기준 전국 미분양 주택 현황 |

(단위 : 호, %)

구 분	'16.12	'17.12	'18.12	'19.12	'20.11	'20.12	'21.1	'21.2	'21.3	전월대비	
										증감	증감율
계	56,413	57,330	58,838	47,797	23,620	19,005	17,130	15,786	15,270	△516	△3.3%
수도권	16,689	10,387	6,319	6,202	3,183	2,131	1,861	1,597	1,520	△77	△4.8%
서울	274	45	27	151	52	49	49	88	82	△6	△6.8%
인천	3,053	1,549	1,324	966	691	466	245	142	130	△12	△8.5%
경기	13,362	8,793	4,968	5,085	2,440	1,616	1,567	1,367	1,308	△59	△4.3%
지 방	39,724	46,943	52,519	41,595	20,437	16,874	15,269	14,189	13,750	△439	△3.1%
부산	1,171	1,920	4,153	2,115	1,084	973	944	966	1,032	66	6.8%
대구	915	126	362	1,790	667	280	419	195	153	△42	△21.5%
광주	554	707	58	148	88	31	307	44	44	0	0.0%
대전	644	759	1,183	724	831	638	635	599	592	△7	△1.2%
울산	481	855	997	1,269	473	468	438	436	419	△17	△3.9%
강원	3,314	2,816	5,736	5,945	2,648	3,115	2,671	2,340	2,063	△277	△11.8%
충북	3,989	4,980	4,560	1,672	275	273	234	211	760	549	260.2%
충남	9,323	11,283	7,763	5,589	3,582	2,510	2,061	1,913	1,758	△155	△8.1%
세종	0	0	0	0	0	0	0	0	0	0	0.0%
전북	2,382	1,881	1,607	1,043	400	661	251	227	170	△57	△25.1%
전남	1,245	627	1,663	1,857	1,059	1,059	1,046	964	1,017	53	5.5%
경북	7,421	7,630	8,995	6,122	2,541	2,154	2,049	2,493	2,488	△5	△0.2%
경남	8,014	12,088	14,147	12,269	5,581	3,617	2,964	2,580	2,123	△457	△17.7%
제주	271	1,271	1,295	1,072	1,208	1,095	1,250	1,221	1,131	△90	△7.4%

처음 내려받은 파일을 열어 밑으로 쭉 내리면 '참고 1'의 '전국 미분양 현황'을 볼 수 있다. 오른쪽 전월 대비 증감을 확인한다. 세모 표시는 미분양이 감소했다는 의미이고, 숫자로만 표시한 건 미분양이 증가했다는 뜻이다.

참고 2　'21.3월말 기준 전국 준공후 미분양 주택 현황

(단위: 호, %)

구 분	'16.12	'17.12	'18.12	'19.12	'20.11	'20.12	'21.1	'21.2	'21.3	전월대비	
										증감	증감율
계	10,011	11,720	16,738	18,085	14,060	12,006	10,988	10,779	9,965	△814	△7.6%
수도권	4,821	2,820	2,803	3,185	1,444	1,245	1,094	1,033	943	△90	△8.7%
서울	75	22	19	141	50	48	48	87	81	△6	△6.9%
인천	1,283	921	449	428	136	103	88	68	67	△1	△1.5%
경기	3,463	1,877	2,335	2,616	1,258	1,094	958	878	795	△83	△9.5%
지 방	5,190	8,900	13,935	14,880	12,616	10,761	9,894	9,746	9,022	△724	△7.4%
부산	247	251	578	823	848	832	831	822	908	86	10.5%
대구	-	67	97	31	67	61	57	60	53	△7	△11.7%
광주	227	259	41	31	31	31	31	31	31	0	0.0%
대전	228	174	241	564	634	453	451	419	416	△3	△0.7%
울산	14	21	118	500	233	228	198	198	194	△4	△2.0%
강원	1,085	596	733	911	1,136	1,085	970	1,052	997	△55	△5.2%
충북	621	730	1,625	459	107	116	99	84	75	△9	△10.7%
충남	563	2,339	3,503	2,796	1,462	1,309	1,198	1,394	1,322	△72	△5.2%
세종	-	-	-	-	-	-	-	-	0	0	0.0%
전북	752	816	966	326	323	209	172	170	137	△33	△19.4%
전남	452	350	798	867	490	497	227	146	102	△44	△30.1%
경북	362	1,434	2,112	3,334	2,304	1,938	1,811	1,877	1,805	△72	△3.8%
경남	549	1,333	2,373	3,438	4,092	3,081	2,786	2,459	2,038	△421	△17.1%
제주	90	530	750	800	889	921	1,063	1,034	944	△90	△8.7%

'참고 2'는 '준공 후 미분양 현황'이다. 이외에도 전국의 미분양 수치를 자세히 보고 싶으면 〈통계누리〉에 들어가서 엑셀 파일을 내려받으면 된다.

파일을 열어 보면 과거부터 현재까지의 미분양 수치를 보여주는데

충남의 미분양을 예로 살펴보자.

시.군.구	'20.1	'20.2	'20.3	'20.4	'20.5	'20.6	'20.7	'20.8	'20.9	'20.10	'20.11	'20.12	'21.1	'21.2	'21.3
계	5,470	5,085	4,843	4,334	4,695	3,683	3,266	3,233	3,030	3,235	3,582	2,510	2,061	1,913	1,758
천안시	340	320	306	299	319	281	230	226	208	192	170	160	152	138	134
공주시	339	333	333	323	310	310	191	183	157	146	105	70	55	49	34
보령시	225	187	186	148	112	109	79	48	18	-	-	-	-	-	-
아산시	452	425	400	371	300	269	242	235	229	223	220	217	215	214	207
서산시	1,227	1,160	1,061	907	807	705	608	474	433	369	328	139	135	252	246
논산시	220	171	166	157	131	88	78	62	43	43	27	22	19	15	11
계룡시	141	140	140	135	129	122	118	118	111	107	97	97	78	70	68
당진시	1,385	1,382	1,325	1,192	1,796	1,018	942	1,112	1,062	1,033	1,693	1,042	707	552	469
금산군	-	-	-	-	-	-	-	-	-	-	-	-	-	-	-
부여군	381	381	352	352	349	349	349	349	349	333	333	272	261	244	222
서천군	383	226	226	136	136	136	136	136	136	136	160	150	145	139	134
청양군	-	-	-	-	-	-	-	-	-	-	-	-	-	-	-
홍성군	10	4	2	-	-	-	-	-	-	-	-	-	-	-	-
예산군	201	200	200	171	171	171	171	170	169	468	272	167	165	164	163
태안군	166	156	146	143	135	125	122	120	115	185	177	174	129	76	70

충남 전체는 '계'로 표시되며 2020년 1월~2021년 3월까지 점차 미분양이 감소하고 있다. 이걸 그래프로 그려보면 더 이해하기 쉽다.

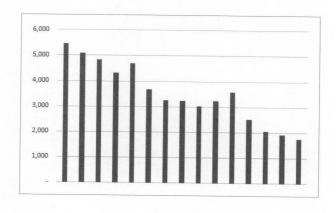

천안의 미분양도 그래프로 그려보면 감소하고 이는 시장이 좋아지고 가격이 오를 거란 신호다.

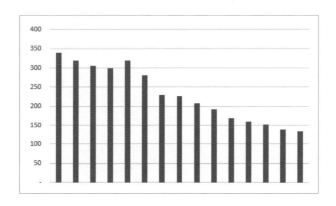

각 지역의 적정 미분양은 과거 미분양 수치로 추정할 수 있다. 천안의 경우 미분양이 300호일 때 집값이 하락했다면 이 양을 기준으로 삼아 집값의 오르내림을 예상하면 된다.

방구석에서 하는
부동산 투자

① 부동산원

포털 검색창에 〈부동산통계정보시스템〉을 치면 사이트에 들어갈
수 있다.

앞 화면에서 '전국주택가격동향조사'를 누르면 알림창이 하나 뜬다.

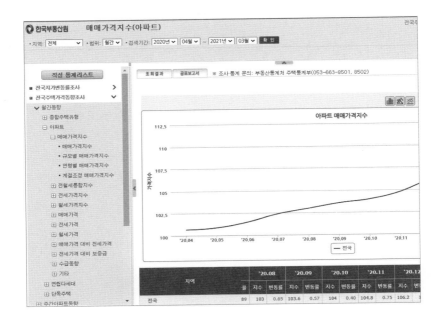

왼쪽의 '작성 통계리스트'에서 '전국주택가격동향조사-월간동향-
아파트-매매가격지수' 순서대로 클릭해 선택한 후 보고 싶은 지역과 검
색 기간을 설정한다.

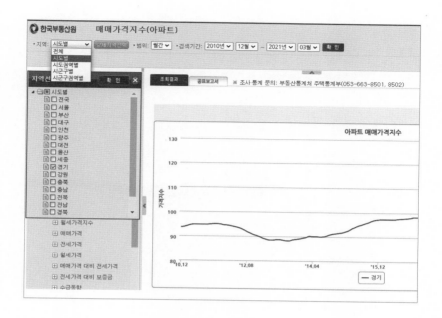

　　지역에서 시도별을 선택하고 검색 기간은 2010년부터 현재까지로 설정한다. 가령 경기도의 아파트 매매 흐름이 어떤지 보고 싶으면 경기도를 선택해서 살펴본다.

　　만일 경기도에 속한 파주시의 아파트 매매 흐름이 어떤지 궁금하면 지역에서 시군구별로 선택하면 된다.

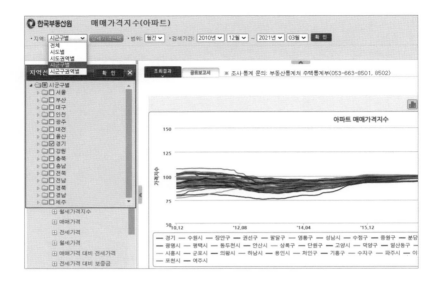

이 외에 '전세가격지수'를 클릭해 전국의 전세 흐름이 어떤지 볼 수 있고, '매매가 대비 전세가'로 전세가율을 알 수 있다. '수급 동향'을 누르면 현재 전세나 매매 물건이 수요보다 많은지 적은지도 확인 가능하다.

만일 아파트가 아니라 빌라에 관심이 있다면 '연립다세대'를 클릭해 정보들을 이용하면 된다.

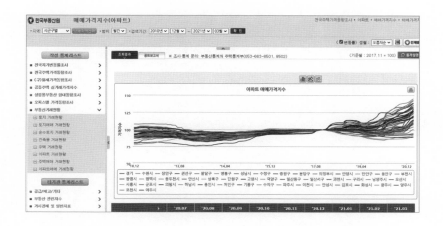

‘부동산거래현황’을 보면서 전국에 아파트 매매거래 현황도 살펴볼 수 있다.

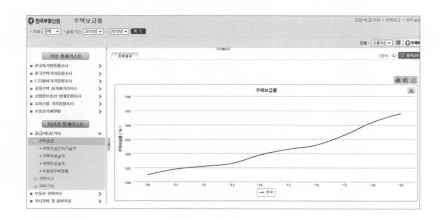

여기 있는 통계를 처음부터 다 찾아보긴 어려울 수 있다. 나는 이 사이트에서 '월간동향−아파트−전세가격지수'로부터 전세 흐름을 보며 투자에 활용한다.

전세가가 오르는 이유는 공급이 부족해서다. 이건 공식이니 암기해도 된다.

이 통계로 제주도의 2011년부터 아파트 전세가 흐름을 보자.

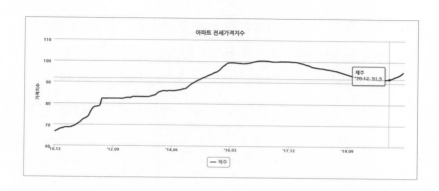

아파트 전세가격지수

제주
'20.12: 91.9

2020년 11월 전세가가 하락하다가 바닥을 다지고 12월부터 오르기 시작했다. 공급이 부족하다는 신호로 내 표현으로 '전세시장'으로 접어들었음을 뜻한다.

전세시장이 무엇인지 짧게 설명하고 넘어가자면, 전세가가 상승해 매매가격과 차이가 좁아져 전세가 매매를 밀어 올리면서 집값이 상승하는 현상이다.

전세가가 매매가보다 높을 수 없다는 명제는 기억하자. 집을 사서 보유하는데 각종 세금과 부대비용이 든다. 만일 전세가가 매매가보다 높으면 집을 살 사람은 없다. 뒤에서 살펴보겠지만, 제주도는 긴 하락장으로 건설사들이 분양을 몇 년간 하지 않았고, 공급 부족이 쌓여 집값이 상승할 것이다.

투자자들은 제주처럼 앞으로 전세가가 오를 곳은 전세가가 매매가와 근접할 때까지 기다리지 않는다. 선제 투자한다며 빨리 제주의 아파트를 매수해 매물을 소진시키며 집값을 올린다.

지방 아파트에서는 전세가가 제대로 오르기도 전에 매매가격이 더 빨리 크게 오르는 경우를 종종 볼 수 있는데 바로 '전세시장' 때문이다.

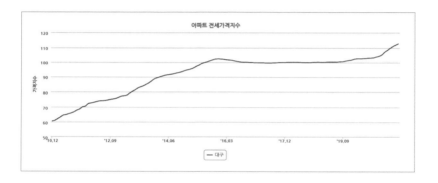

대구의 아파트 전세가는 상승하고 있지만, 제일 중요한 공급량을 보면 앞으로 3년간 과잉공급으로 집이 팔리지 않고 적체되면 미분양이 늘어나 전세가 하락하는 모습을 보일 것이다. 전세가가 내려가면 매매가는 버티고 버티다 결국 하락한다.

② 부동산지인

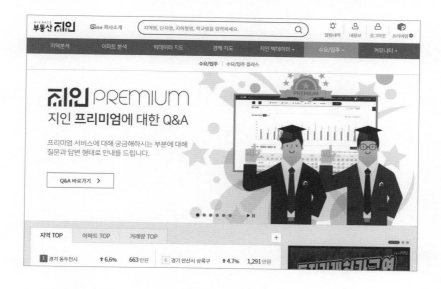

　　검색창에서 '부동산지인'을 찾아 들어가면 위처럼 첫 화면이 나오며, 회원가입만 하면 무료로 이용할 수 있다.

　　여기서 내가 주로 사용하는 정보는 '수요/입주 플러스'다.

　'수요/입주 플러스'에서 살펴보고 싶은 지역과 시군구를 검색하면 그 지역의 앞으로 3년 후 입주 물량이 얼마나 나오는지 알 수 있다. 그 이후의 입주 물량은 시간이 더 지나야 확인할 수 있다.

　막대그래프는 입주 물량, 가로 선은 수요를 나타낸다. 수요는 참고용으로만 봐야 한다고 언급했다. 수원시 인구통계를 보자.

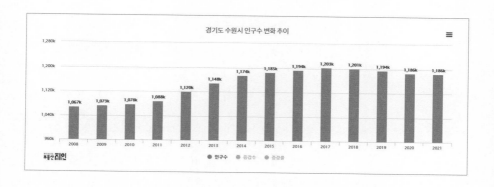

경기도 수원시 인구는 약 118만 명이다. 수요는 5,900만(118만×
0.005)으로 계산되지만, 수원 집값이 오르면 5,900명뿐만 아니라 전국
의 사람들이 수요가 된다.

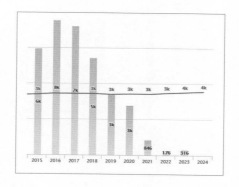

나는 이 사이트에서 입주 물량 데이터를 주로 본다. 제주를 예로
들어 2021년부터 급격히 감소하고 2023~2024년에도 거의 없다.

"3년 전 인허가실적도 많이 감소해 나올 물량이 없으니 집값도 오를 수 있겠네"라고 단순하게 생각하며 투자 후보 지역으로 삼는 데 활용한다.

인구수 정보는 지방 소도시 투자할 때만 보면 된다. 수도권, 광역시, 인구수 30만 이상의 큰 도시는 참고할 필요 없다. 인구가 증가하고 있는 도시를 위주로 살펴본다. 대구 수성구를 보자. 인구가 계속해서 감소하고 있다.

인구수가 줄어드는 곳은 수요가 감소하고 따라서 집값이 내려갈 유인이라고들 말한다. 그런데 이곳은 집값이 너무 올라 매매나 전세 물건 구하기 어려워 주변으로 밀려난 탓이 크다. 인구가 줄어든다고 무조건 투자 후보군에서 제외하지 말고 정보를 통합해서 판단해야 한다.

③ 호갱노노

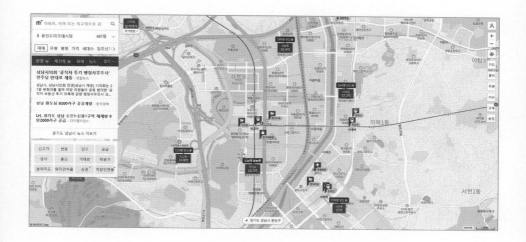

　〈호갱노노〉 홈페이지 화면이다. 왼쪽 맨 위 검색창에 관심 있는 아파트를 치면 여러 자세한 정보를 알 수 있다.

　왼쪽 아래 '신고가'는 신고가 아파트가 어디인지 어느 기간에 얼마나 상승했는지, '인구'는 인구수가 얼마나 늘고 줄었는지, '공급'은 향후 3년까지 공급량, '경사'는 언덕과 평지인 곳을 구분해준다. '출근'은 강남으로부터 해당 아파트까지 출퇴근 거리를, '거래량'은 그 지역의 거래량이 얼마나 늘고 줄었는지 알려준다.

　'학원가'는 아파트 주변에 학원가가 얼마나 많은지, '분위지도'는 그 지역에서 비싸고 싼 아파트를, '외지인비율'은 외지인이 그 지역 아파트를 얼마나 많이 샀는지, '상권'은 어디에 상가들이 많이 형성돼 있는지 '직장인연봉'은 그 지역의 소득이 얼마인지에 관한 정보를 제공한다.

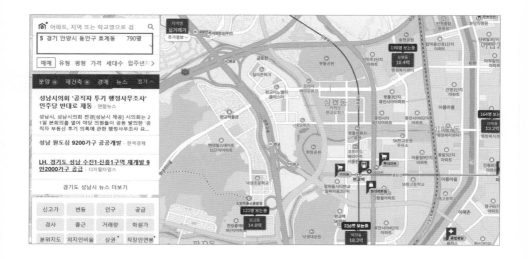

검색창 바로 아래 네모 칸을 누르면 현재 사람들이 많이 보고 있는 아파트 목록을 제공하고, 지역을 누르면 어느 지역을 많이 보며 관심이 있는지도 확인할 수 있다.

실시간 인기 아파트		^
아파트	지역	
✓ 입주한 아파트만		지금 보고 있는 사람
1 한강센트럴자이1단지 경기 김포시 장기동		343명
2 두산우성한신 경기 수원시 영통구 영통동		338명
3 SK뷰파크 경기 화성시 반월동		239명
4 병점역아이파크캐슬 경기 화성시 병점동		217명
5 수원역푸르지오자이 경기 수원시 팔달구 고등동		197명
6 용인기흥효성해링턴플레이스 경기 용인시 기흥구 영덕동		154명
7 일산두산위브더제니스 경기 고양시 일산서구 탄현동		154명
8 헬리오시티 서울 송파구 가락동		149명
9 수원SK스카이뷰 경기 수원시 장안구 정자동		148명
10 힐스테이트영통 +3 경기 수원시 영통구 망포동		145명

2021.04.21 15:58 기준

사람들 관심이 많다는 것은 돈이 될 것 같아서다. 그쪽으로 투자하러 가서 매물이 소진되면 집값이 오를 확률이 높다.

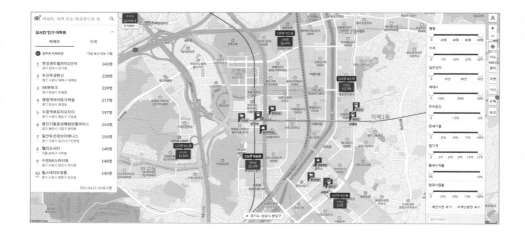

화면 오른쪽에 '필터'를 누르면 평형, 가격, 입주년차, 세대수, 갭 등 관심에 걸맞은 아파트들만 볼 수 있다.

단 '갭 가격'은 주의가 필요하다. 만일 갭이 3억에 표시되더라도 실제 중개소에서는 1~2억까지 차이가 날 수 있다. 이곳에서 1차로 관심 아파트를 추려 찾은 후 더 정확한 가격대는 네이버부동산의 매매가와 전세가를 확인하는 게 제일 정확하다.

'지도'는 위성지도와 전자지적도(땅의 용도를 색으로 표시한 지도)로 구분해 볼 수 있도록 했고, '주변'은 버스정류장이나 중학교 등이 어딘지 알려준다. '규제'를 누르면 현재 규제지역인 곳이 색으로 표시되어 보기 편하다.

이 사이트로 나는 '공급'과 '학원가' '상권' 정보를 활용한다.

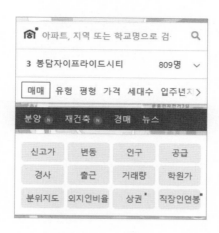

위 화면에서 '공급'을 클릭하면 전국의 입주 물량이 얼마나 되는지
볼 수 있다.

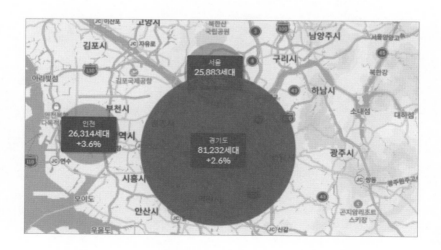

단순히 2~3년 후 입주가 얼마인지가 아니라 과거 입주 물량과 비교해서 얼마나 줄어드는지 확인해보면 집값이 오를지 내릴지 예상할 수 있다. 예로, 과거에 경기도에서 20만이라는 입주 물량이 나왔을 때 아파트 매매가격이 하락했다면 20만은 경기도엔 공급 과잉 수준이다. 반대 논리도 성립한다.

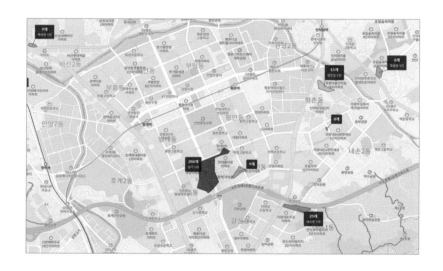

'학원가'를 클릭하면 색깔로 표시돼 어디에 학원이 많은지 보인다. 위 지도는 안양시 동안구인데 학원가 면적이 넓으며 학원 개수가 많을 수록 그 주변 아파트 가격도 높은 특징을 가진다. 학원가 옆으로 이사하려는 부모들로 전세나 매매 수요가 높은 편이다.

　지도상에서 보라색으로 표시된 학원가가 286개나 있고 이 주변
아파트 가격이 높게 형성돼 있다. 현금이 있다면 이 주변 아파트는 투자
1순위에 속한다.

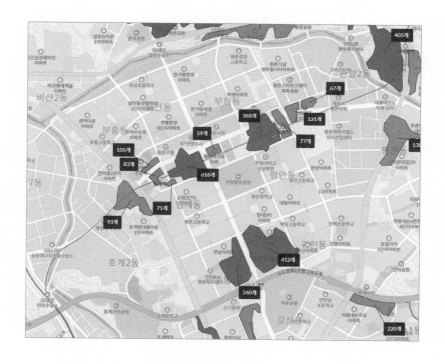

　'상권'에 들어가 보자. 상권 면적이 넓고 상가 수가 많을수록 소위
말하는 '슬세권'이다. 내가 사는 아파트 주변에 슬리퍼만 신고 나가도

먹고 마실 게 즐비하다면 더할 나위 없이 좋다. 보통 상가와 지나치게 가까워 시끄럽지 않은 아파트에서 5~10분 거리의 아파트를 선호한다.

범계역 아래 아파트는 학원가도 많고 역도 가깝고 상권도 잘 발달해 있어 집값이 내려갈 수가 없다. 지방 투자 시 이런 속성의 아파트를 찾으면 된다.

④ 네이버부동산

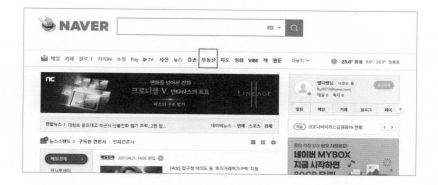

〈네이버〉에서 '부동산'을 누른다.

'뉴스'에서는 부동산 관련 뉴스를 쉽게 검색할 수 있으니 매일 읽는 습관을 기르면 좋다.

한 지역의 개발 호재를 알고 싶으면 '우리동네뉴스'에서 찾을 수 있고, '실시간속보'는 그날 아침에 뜨는 부동산 관련 뉴스를 살펴보는 데 유용하다.

〈네이버부동산〉에는 주로 '매물'을 본다.

아파트를 찾아보고 싶으면 '아파트·오피스텔'에서 원하는 조건을 설정하고, 빌라나 주택에 투자하고 싶으면 '빌라·주택'을, 분양에 관심이 있다면 '분양'을 눌러 정보를 찾으면 된다.

오른쪽 화면에 '개발' '학군' 등이 있는데 '개발'에는 전국에서 개발이 계획된 곳을 표시해준다. 아파트 아이콘을 누르면 아래 화면이 나온다.

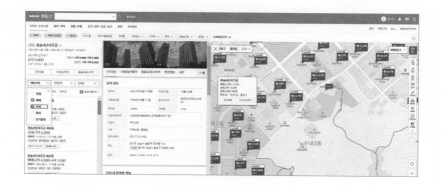

‘매매'와 ‘전세' 호가, 중개소에 매물은 얼마나 나왔는지 확인한다. 전세 매물 수치가 핵심이다. 갭 투자에서 전세 매물이 많으면 나중에 전세 뺄 때 잔금을 치르지 못할 수 있다. 반드시 전세 매물이 없는 아파트에 투자하는 게 안전하다.

　　참고로 〈호갱노노〉에 표시된 매매가와 전세가 차이는 실제 매물과 다르다. 〈호갱노노〉에 매매가가 4억2천에 표시돼 있어 투자할 만하다고 생각해 현장에 가면 이 가격 매물이 없는 경우가 많다. 이때 〈네이버부동산〉에 들어가 보면 4억2천짜리 매물은 없고 호가가 높아져 있다.

　　현장 조사 전 〈호갱노노〉 외에 〈네이버부동산〉에 들어가서 실제 매매가와 전세 시세는 어떤지 먼저 확인하고 나야 헛걸음을 예방할 수 있다.

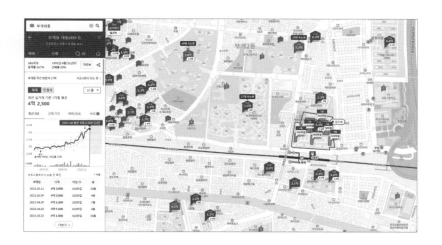

〈호갱노노〉에서 인천의 부개대동아파트를 검색해 보면 최근 실거래가격이 4억2,500만 원, 투자금도 1억3천만 원이면 가능하다고 표시돼 있다. 〈네이버부동산〉에 들어가 보자.

4억5천~4억7천에 살 수 있는 매물만 남아 있다.

⑤ 국토교통부

〈국토교통부〉 사이트에 들어가서 카테고리의 '뉴스·소식'에서 보도자료 중 '주택토지'를 누르면 다음 화면이 나온다.

국토부가 부동산 대책을 내놓을 때 원보고서와 관련 정보는 다 이곳에 올려두니 내려받아 읽어보기를 바란다. 미분양과 인허가 그리고 입주 물량과 거래량 등에 대한 통계를 주기적으로 매월 발표하니 투자에 활용하면 좋다.

뉴스나 남이 쓴 글을 읽기보다 스스로 이런 자료로부터 생각하는 습관을 길러야 안목이 는다.

⑥ 통계누리

〈국토교통 통계누리〉를 검색해 사이트에 들어가면 위 화면이 나오며, '주택'을 누른다.

'통계분야'에서 '주택'을 선택하고 '통계유형'에서 '승인통계' '통계명'에서 보고 싶은 통계를 선택한다. 예를 들어 '미분양주택현황보고'를 클릭해 '미분양 현황_종합'을 누르면 다음 화면이 나온다.

　　화면 오른쪽 아래 '통계 관련파일'에서 맨 위에 엑셀 파일을 내려받으면 전국의 미분양 현황을 자세히 볼 수 있다.

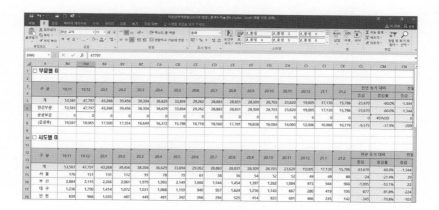

엑셀 파일의 미분양 통계를 긁어 그래프로 만들면 정보가 한눈에 들어온다. 대구의 미분양 정보를 그려보면 다음과 같다.

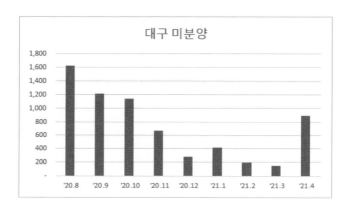

대구의 미분양은 감소하다가 2021년 4월 갑자기 늘었다. 이유는 두 가지다. 첫째, 시세보다 비싸게 분양된 경우다. 둘째, 대구 부동산 시장이 좋아지지 않으리라 예상해 투자자들이나 실수요자들이 분양받지 않기 때문이다.

주의할 점은 한 달 치 미분양 증가를 보고 시장을 판단해선 안 된다는 것이다. 2021년 5월, 6월, 7월 계속해서 미분양이 늘어 쌓일 때 "아 이제 대구는 안 좋아지는구나"라고 예상해야 한다. 만약 미분양이 5월에 줄고, 6월에 다시 늘어 들쭉날쭉한 모습을 보인다면 시장을 예측하기는 정말 어렵다.

미분양 통계를 활용할 땐 매월 미분양 수치가 아니라 3개월 이상 추세가 중요하다. 대구는 4월 미분양만 봐서 시장을 판단할 수 없고 계속 모니터링해 추이를 지켜봐야 한다. 초보라면 투자 금기 지역임을 알 수 있다.

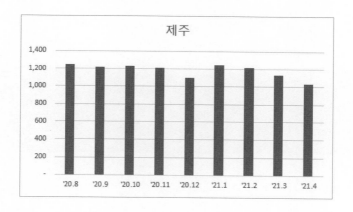

제주의 미분양은 2021년 1월 이후로 석 달 연속 감소 추세다. 이런 그래프가 나오는 곳이 투자 모니터링해야 할 지역이다. 미분양이 들쭉날쭉하지 않고 지속해서 감소하면 좋은 징조로 해석한다.

투자자들은 돈 냄새를 기가 막히게 잘 맡는다. 제주가 돈이 될 거라 예상해 비행기까지 타고 가서 과거 하락장 때 미분양이었던 재고 아파트를 매수하고 있다는 의미다. 공급이 급격히 부족해져 미분양은 지금보다 더 감소하면서 집값이 상승할 곳이다.

⑦ 국가통계포털

첫 화면에서 '국내통계' -> '주제별 통계'를 누르면 아래 화면이 나온다.

여기서 '주거'를 누르면 여러 항목이 나오고 이 통계를 투자에 활용한다.

인허가와 착공 통계를 주로 보면서 어느 지역이 앞으로 공급이 많고 적을지 이 사이트를 활용한다.

⑧ 한국은행 경제통계시스템

첫 화면의 왼쪽 아래 '100대 통계지표'를 누른다. 알림창이 뜨며 아래 화면이 나온다.

　　한국 경제에 대한 금리, 통화, 금융, 물가, 환율, 국제수지 등을 볼
수 있다. 부동산 투자 초보라면 앞서 언급한 대로 '금리' 부분만 주목해
도 충분하다.

⑨ 미래철도db

부동산에서 대표 호재라고 하면 교통이다. 어느 지역에 새로 지하
철이 뚫린다면 그 주변 집값이 오른다. 교통 호재는 〈미래철도db〉에서
찾는다.

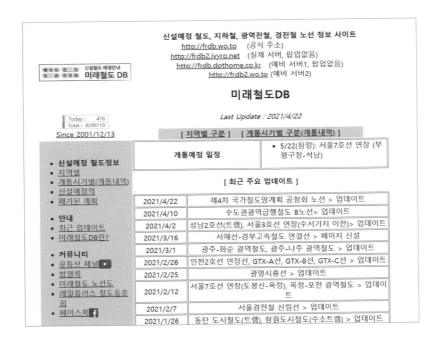

왼쪽 카테고리에서 '개통시기별(개통내역)'을 누르면 교통 호재가 완
성될 시기를 알 수 있다.

미래철도 DB	[초기화면]
개통시기별, 개통내역	[지역별] [개통시기별, 개통된 것]
[2002 | 2003 | 2004 | 2005 | 2006 | 2007 | 2008 | 2009 | 2010 | 2011 | 2012 | 2013 | 2014 | 2015 | 2016 | 2017 | 2018 | 2019 | 2020 | **2021** | 2022 | 2023 | 2024 | 2025 | 2026 | 2027 | 2028]	

여기서 2021년이나 2022년을 누르면 이때 완성될 교통 호재가 무엇인지 나온다.

■ 2021년 개통	
장항선 개량(직선화) (2차) 2021.1.5	남포~간치
중앙선 복선화 (3)2021.1.5	서원주~제천
해운대 해변열차, 스카이캡슐2021.2.4	미포~청사포(스카이캡슐)
하남선 (서울지하철 5호선 연장)2021.3.27	강일역, 하남풍산~하남검단산
서울지하철 7호선 연장(석남)2021.5.22(●●●)	부평구청~석남
장항선(수도권전철 1호선)(●●●)	탕정역
의정부경전철(●●●)	차량기지 임시역(가칭 고산역)
동해선 복선전철화 (남부1)(●●●)	일광~태화강
대구선 복선전철화(●●●)	금강~영천
동해선 복선전철화 (남부2)(●●●)	태화강~신경주~모량
중앙선 복선전철화 (6)(●●●)	영천~신경주
대구권 광역철도(●●●)	서대구역
이천~문경선(중부내륙선)(●●●)	부발~충주
경의선 문산-도라산 전철화(●●●)	임진강~도라산
진접선 (서울지하철 4호선 연장)(●●●)	당고개~진접
서울도시철도 8호선(●●●)	8호선 추가역

■ 2022년 개통	
신분당선 북부 연장(●●●)	강남~신사
서울도시철도(경전철) 신림선(●●●)	샛강~관악산
동해선 (4)(전철화)(●●●)	포항~동해
평택선 (평택포승선, 아산만 산업철도)(●●●)	창내~안중
서해선(홍성-송산) (●●●)	홍성~송산
경원선 복선전철화(동두천-연천)(●●●)	동두천~연천
경전선 전철화(●●●)	진주~광양
동해선 (3)(●●●)	영덕~삼척
장항선 복선전철화 (2)(●●●)	신창~홍성
중앙선 복선전철화 (5)(●●●)	단양~안동~영천
경의선 문산-도라산 전철화(●●●)	운천역
동해선 태화강-송정 광역철도(●○○)	태화강-북울산

호재는 투자한 주택을 매도할 때쯤 완성되면 좋다. 가령 2023년도에 호재가 완성되는 지역의 주택을 2021년에 매수해서 2년 후에 팔면 성공이다.

5

지방 아파트
갭 투자 가이드

1.
대구광역시

　　어느 유명한 부동산 전문가 말을 듣고 최근에 대구에 투자한 지인이 있었다. 분양권이 돈도 적게 들고 수익이 많이 난다고 추천해 매수했는데, 갑자기 매수세가 사라졌다는 것이다. 지금은 프리미엄도 샀을 때보다 떨어졌다고 했다. 투자의 책임은 오롯이 본인이 진다. 유튜브든 언론이든 많이 노출된다고 해서 모두 믿을 수 있는 전문가로 생각하면 낭패에 빠진다.

　　이 분양권은 기다리는 게 좋을까 아니면 더 떨어지기 전에 지금이라도 매도하고 나오는 게 좋을까?

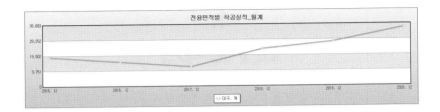

위 표는 대구의 착공실적을 나타낸다. 2018년부터 착공이 늘기 시작해 그 후 계속해서 증가 추세다. 2018년에 착공했으니 2021년에 입주 물량으로 나올 것이다. 2021, 2022, 2023년 앞으로 점차 입주가 많아진다.

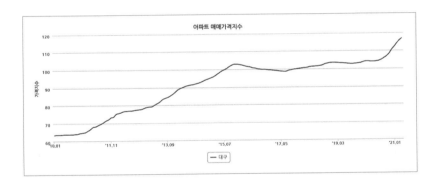

대구는 2011년부터 본격적으로 아파트 매매가격이 상승했고, 2015년 말에서 2017년 7월까지 하락하다가 바닥을 찍은 뒤 재상승했다. 집값은 8년 6개월 정도 오르다가 1년 6개월 조정기를 겪었으니 오

랫동안 상승한 셈이다.

집값 상승의 가장 큰 이유는 유례없는 저금리와 전세대출 때문이다. 전세대출로 공급이 많아도 하방을 지지해줘 매매가가 크게 내려가지 않도록 방패 역할을 했다.

지방 부동산은 '금리'를 주시해야 한다고 했다. 미국에서 금리를 인상하기 시작하면 우리나라도 따라 할 수밖에 없고 대출 금리가 높아지면 지방 집값은 버티기 어렵다. 대구는 이제 공급 과잉으로 접어들었다. 정점을 찍고 마무리 단계다. 2021년도까지는 계속 오르겠지만, 2022년부터는 조심해야 한다.

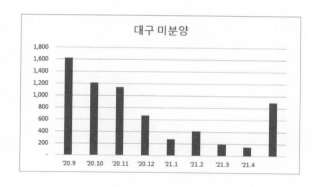

대구의 2021년 3월 미분양은 153으로 아주 양호하고 집값이 계속 좋아질 신호다. 대구의 미분양 기준점은 약 500호, 그 이상이면 시장이 적신호로 판단하면 된다. 대구는 투자 후보 지역이 아니다.

2.
부산광역시

　　부산은 서울의 미래다. 입주 물량이 많아도 주변 경남과 울산의
공급에 집값이 큰 영향을 받는다. 경남과 울산에서 공급이 급감하며,
부산은 구도심 재건축·재개발로 멸실을 동반해 순증 물량이 많지 않
아 더 상승할 것이다. 다만 투자하기엔 가격이 부담스러워졌다.

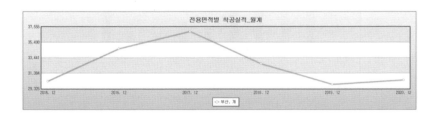

　　부산의 착공실적은 2017년 최고점을 찍고 난 뒤 감소 추세다.

　재개발될 빌라
　　　리모델링할 아파트

2020년에 입주 물량이 가장 많고 이후로 입주 물량이 많이 감소한다는 말이고 2021~2023년 말까지 입주는 없다. 부산도 지난 2010년부터 상승기에 있으면서 중간에 하락할 때도 있었지만, 앞으로 상승 여력이 더 남았다.

부산에서 입주 물량도 감소하는데, 같은 생활권인 울산과 경남의 공급도 줄고 있다. 부·울·경이 전체적으로 공급이 부족해서 경남과 울산뿐 아니라 부산 집값도 오를 수밖에 없다.

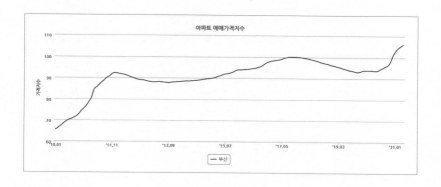

현재 부산의 아파트 매매 흐름은 상승이고, 규제지역으로 묶이든 말든 관계없다.

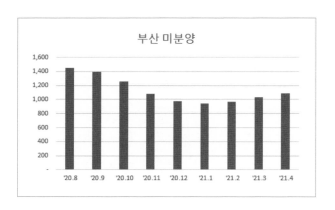

부산 미분양

부산의 미분양 그래프를 보면 2021년 1월까지 감소한다. 2021년 2~3월엔 잠깐 증가했지만, 부산 전체 미분양 적정물량은 약 2000호다. 그 이상이면 적신호, 미만이면 청신호다.

부산 부동산 시장은 2023년까지는 좋아질 전망이고, 앞으로 더 오르겠지만 집값이 많이 올라 현금 없이 매수하기는 어려워졌다.

3.
울산광역시

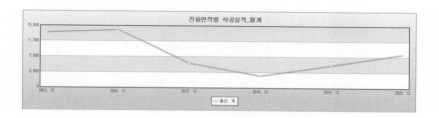

울산의 착공실적은 2016년 이후로 감소하면서 2018년 바닥을 찍고 공급 부족으로 시장이 다시 좋아지니 건설사들이 하락장 때 분양하지 못했던 분양 물량을 '이때다' 하고 밀어내면서 2019년부터 증가 추세로 돌아섰다.

2022년과 2023년에 입주 물량이 다시 늘어나지만, 하락장으로 접어들지는 않는다. 울산 집값은 같은 생활권인 경남과 부산의 공급을 함께 봐야 한다. 경남과 부산의 공급이 부족해져 버틸 힘이 있다. 물론

2024년에 공급이 어떨지 추적 관찰해야 한다.

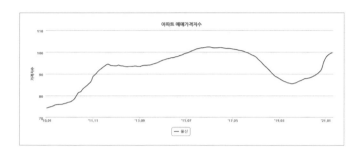

      울산의 아파트 매매 흐름은 상승 추세며, 울산의 미분양은 점차 감소 추세에 있다. 집값이 오르리란 기대감으로 사람들이 미분양 난 재고 아파트를 사기 때문이다. 울산의 적정 미분양 수치는 약 1000호다. 2021~2022년 울산 집값은 상승세로 예상된다. 반드시 2023년 공급물량을 체크하자.

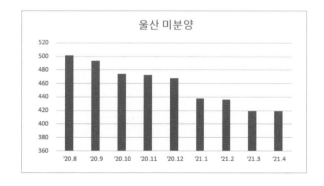

4.
경상남도

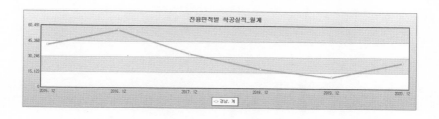

경남의 착공실적은 2016년 최고점을 찍고 감소하다가 2019년 바닥을 보이고 2020년에 다시 늘었다. 입주 물량은 2021년과 2022년에 많이 감소하고 2023년에 잠깐 늘겠지만, 이 물량으로 시장이 다시 하락으로 접어들지는 않는다. 앞으로 공급 부족으로 집값이 상승할 지역 중 하나다.

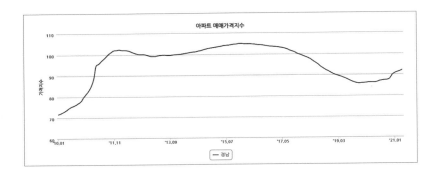

경남은 긴 하락장을 거치고 2019년 말에 바닥을 찍고 이제 막 상
승세를 타고 있다. 부동산 시장이 밝다.

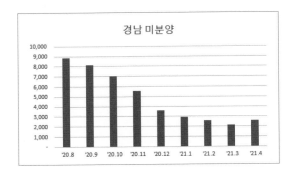

경남의 미분양은 점차 감소하고 있다. 경남 전체의 적정 미분양 수
는 약 9000호다. 경남은 최소 2023년까지 확연하게 상승할 것이다.
2024년까지도 좋겠지만, 착공물량 데이터가 나와 점검이 필수다.

인구수가 많은 창원, 김해, 마산 위주로 관심을 두면 된다.

5.
대전

집값이 많이 오른 지역 중 하나지만, 대구만큼 오랜 기간은 아니다. 과연 대전도 대구처럼 8년여간 상승할 수 있을까?

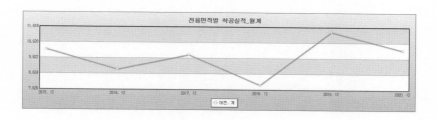

대전의 착공물량은 2018년까지 들쭉날쭉하다. 대전은 2019년 세종의 공급이 많았다가 부족해지면서 그간 상승하지 못했던 집값이 올라 건설사들이 이때 밀어내기 분양을 하는 바람에 공급이 많이 증가했다. 3년 뒤인 2022년에는 대전도 입주 물량이 과거에 견줘 꽤 많이 나올 것으로 예상한다.

2020년 취득세 중과 규제가 나와 건설사들은 다주택자가 지방에서 분양을 잘 받지 않을 거로 예상해 착공을 많이 하지 않았다. 2019년만큼은 아니지만, 2020년에도 착공실적이 높아 2023년 입주가 많다.

그러나 이 정도 입주 물량으로 대전 집값이 하락세로 반전하진 않는다. 뒤에서 다루겠지만 세종의 착공물량이 심하게 감소 추세며, 앞으로 나올 입주 물량도 아주 적다.

대전의 공급량을 볼 때는 항상 세종과 함께 판단해야 한다.

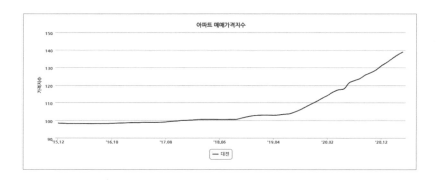

대전 아파트의 매매가격 흐름인데 2018년 9월 이후로 계속해서 우상향하고 있다. 바닥부터 상승한 지 이제 갓 2년 6개월 정도다. 대구의 경우 상승세가 약 8년 이상을 지속하는데, 대전이 3년도 상승하지 않고 끝나지는 않는다. 물론 중간에 쉬어가는 구간이 생기고 횡보도 하겠지만 하락은 시기상조다.

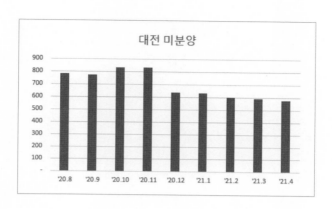

대전 미분양

대전의 미분양은 점차 감소하고 있으며 2021년 3월 미분양은 592호다. 대전 미분양의 기준점은 1000호이다. 1000호 이상이면 적신호, 그 아래면 청신호로 본다. 미분양을 분석할 때 주의할 점은 아파트뿐만 아니라 도시형생활주택, 오피스텔, 나 홀로 아파트도 미분양 수치에 포함이 된다는 데 있다.

만일 어떤 지역에서 미분양이 많이 늘어나는데 집값이 상승한다면 그 미분양은 아파트가 아니라 도시형생활주택, 오피스텔, 나 홀로 아파트 등이 반영됐다고 보면 된다. 아파트 미분양이 쌓이면 그 지역 집값은 적신호가 들어왔다고 봐야 한다.

대전은 2023년까지 상승세를 이어가겠지만, 역시 금리가 큰 변수다. 저금리 기조가 깨지고 1~2%대로 크게 오른다면 집값에 부정적인 영향을 끼칠 수 있다.

6.
세종

투자로서 접근하기엔 집값이 너무 비싸 부담스럽다. 실거주로 내 집 마련이 목적일 때나 고려해볼 만하다.

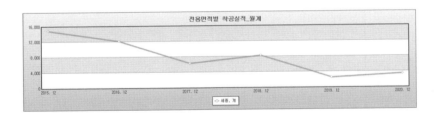

세종의 착공실적은 점차 감소 추세로 입주 물량이 부족해진다는 신호다. 2022년부터 대전에서 입주가 늘어나겠지만, 정비사업의 멸실 동반으로 순증가 물량은 거의 없을 것이다. 세종과 대전의 공급은 서로 밀접한 연관이 있다는 점을 염두에 두자.

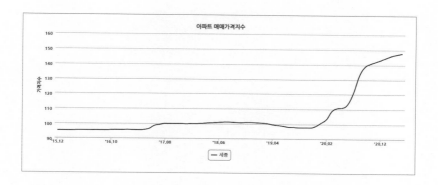

세종은 2019년 11월 이후 아파트 매매가격이 상승 추세다. 세종의 공급이 크게 줄어드는 영향이다. 집값이 이미 많이 올랐지만, 대전과 함께 더 상승할 것이다. 세종의 미분양은 0이다.

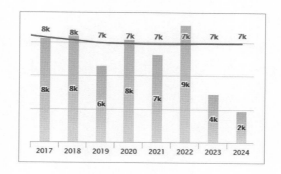

위 표는 대전의 입주 물량을 나타낸다. 이 그래프만 봤을 때 대전은 2022년에 입주 물량이 수요보다 많아 공급 과잉에 해당하지만, 세종의 입주 물량이 적기 때문에 절대 그렇지 않다.

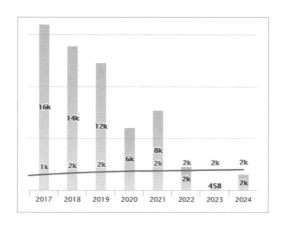

위 표에서 보는 것처럼 세종의 2022년 입주 물량은 과거에 견줘 정말 많이 감소하고 있다. 물론 세종에 아직 아파트를 지을 땅이 더 있지만 당분간 나올 입주가 중요하다. 2023년까지 무난하게 상승세를 지속할 것이다. 물론 최근 급상승으로 중간에 가다 서기를 반복하며 조정 기간도 있을 테니 고려해야 한다.

7.
제주

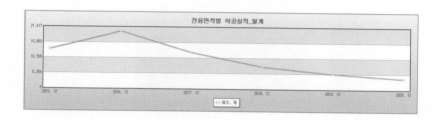

전용면적별 착공실적_월계

제주도의 착공실적은 2016년을 정점으로 매우 감소했다. 앞으로 2023년까지 나올 입주 물량은 현저히 적고, 공급 부족 현상이 나타날 것이다.

2021년 4월, 제주도로 여행한 김에 그곳 아파트 현장을 조사했었다. 중개사와 현지인을 통해 이곳도 새 아파트에 대한 욕구가 정말 크다는 사실을 확인할 수 있었다.

최근 분양한 제주 연동의 아파트를 보자.

이 아파트는 분양가 공개 당시 고분양가 논란이 일었던 곳이다. 전문가들과 현지 사람들이 터무니없이 비싸다면서 미분양이 날 거로 예상했지만, 막상 뚜껑을 여니 평균 경쟁률이 무려 20:1이었다. 32평이 9억 이상인데도 완판됐다.

하물며 이 아파트는 102세대로 소위 나 홀로 아파트다. 상식적으로 이런 곳은 매수하지 말라고 배우는데 비싼데도 모두 팔린 걸 보면 그만큼 새 아파트가 유난히 없음을 시사한다.

제주도 집값은 앞으로 상승할 것이다. 입지 좋은 곳의 분양권은 프리미엄이 계속 붙어 가격이 오른다. 오래된 재건축 대상 아파트가 많고, 전반적으로 리모델링 이야기도 나올 수 있다. 다만 돈이 적게 드는 곳은 없고 매물도 찾아보기 어렵다.

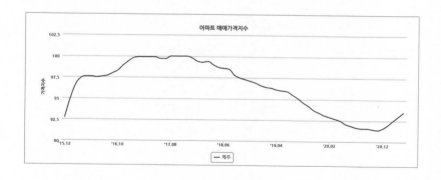

제주도 아파트 매매가격은 기나긴 하락을 끝내고 이제 반등해 상

승 초입에 있다.

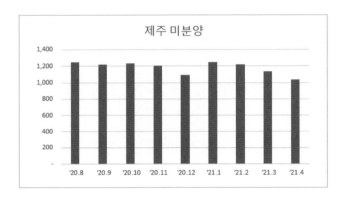

미분양은 들쭉날쭉하지만, 본격적으로 감소 추세는 아니다. 이곳의 미분양 기준점은 1000호다. 2021년 3월 미분양은 1131호이며, 제주 전체 아파트 가격이 본격적으로 상승하려면 1000호 밑으로 감소해야 한다.

2020년 12월부터 매물이 없고 사고 싶어도 사지 못하며 실거래 기록 때마다 신고가 행진 중이다. 매수 시 1순위는 제주시다.

8.
경북

경북은 기나긴 하락장을 끝내고 최근 바닥을 다진 후 상승 초입에 있다. 앞으로 투자해도 되는 곳인지 알아보자.

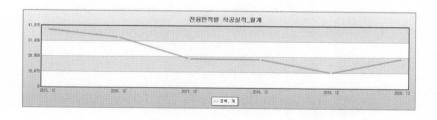

경북의 착공실적은 2019년까지 감소 추세에 있으며 이것들은 2022에 나올 물량이다. 2021년과 2022년에 나올 입주가 줄고 있다. 2023년에 나올 물량은 2022년보단 늘겠지만, 이 정도 물량은 경북에 공급 과잉을 초래하진 않는다.

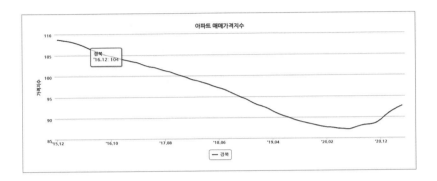

경북의 아파트 매매가격지수는 기나긴 하락을 끝내고 2020년 6월에 바닥을 찍고 상승 중이다.

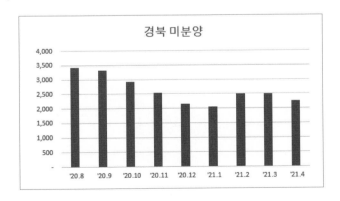

경북의 2021년 3월 미분양은 2488호고, 기준점은 약 3000호다. 앞으로 경북의 미분양은 지금보다 더 감소할 것이고, 3000호 미만으로 줄면서 그 수가 적어지면 집값이 오를 환경이 만들어진다. 경북은 투자 후보 지역이다.

인구수가 많은 큰 도시인 포항, 안동, 경주를 보면 된다. 지방 투자 시 일자리가 있는 산업단지 근처인지 중학교 학군이 좋은지 인구수가 많고 점차 증가하는지 보면 된다.

9.
전남

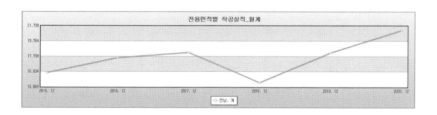

전남은 착공실적이 점점 증가해 2022년과 2023년에 나올 입주 물량도 마찬가지다. 앞으로 공급이 많을 지역이며 부동산 시장이 위험할 수 있다.

2022년은 공급 과잉 수준이 아니라 괜찮겠지만, 2023년에는 과잉이다. 물론 1년 공급 과잉이라고 바로 하락기로 접어들진 않겠지만, 굳이 위험을 무릅쓰면서까지 투자할 이유는 없다.

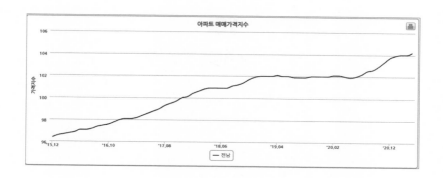

전남의 아파트 매매가격 흐름은 현재까진 좋으며 상승하고 있다.

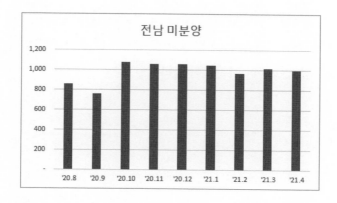

전남의 2021년 3월 미분양은 1017이며, 기준점은 약 1300호다.
1300호 밑으로 감소하면 청신호이다. 다른 지역에 좋은 투자처가 많은
데 굳이 전남에 투자할 이유는 없다.

10.
전북

택지지구나 신축 아파트 중심으로 가격이 많이 올랐고, 최근에는 구축과 재건축 연한이 지난 싼 아파트 중심으로 상승하고 있다. 지금 매수해도 될지 궁금한 사람들이 많다.

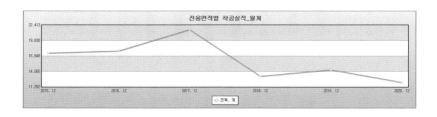

전북은 착공실적이 2017년 이후로 급격히 감소해 2021~2023년까지 공급 부족 지역이다. 2021년에 공급 부족을 본 투자자들이 이곳

에 많이 투자했다. 집값이 오르고 건설사들은 분양을 늘렸던 전력이 있다. 여지가 없는 건 아니지만, 최소 2023년까지는 공급 부족에 시달릴 곳이다.

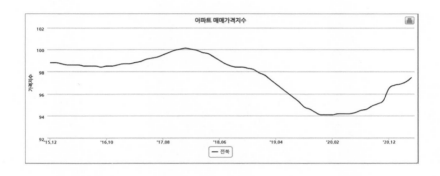

전북의 아파트 매매가격은 2020년 2월에 바닥을 찍고 난 뒤 상승세를 이어가고 있으며 이 흐름은 더 지속된다.

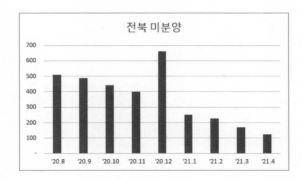

2021년 3월 미분양은 170호이고, 기준점은 약 1000호다. 1000호보다 아주 적은 170호의 미분양을 기록하고 있다. 현재 전북의 아파트 매매가격이 상승하고 있다는 증거이기도 하다. 당분간 미분양이 증가할 신호는 보이지 않는다.

전북의 경우 대표 도시인 전주와 군산을 눈여겨보자.

11.
충남

충남 천안과 아산의 아파트 가격이 이미 많이 올라 투자를 망설이는 사람들이 많다.

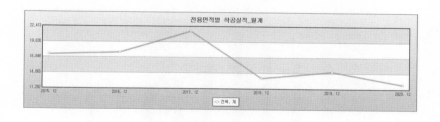

충남의 착공은 2017년에 가장 많아 2020년에 입주 규모가 컸다. 그 후 착공실적이 감소해 2021~2023년까지 입주 물량이 적다.

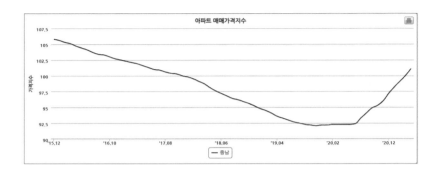

충남의 아파트 매매가격은 상승하고 있다. 2020년 6월 바닥을 찍고 급반등하며 오르고 있다. 앞으로 공급이 부족해 상승은 지속할 것이다.

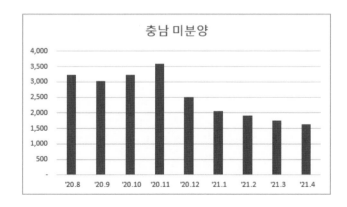

충남의 미분양은 계속 감소하고 있으며 이는 집값 상승 신호다. 충

남의 미분양 기준점은 약 4000호다. 2021년 3월 미분양이 1758호로 4000호 밑을 맴돌며 수치를 더 줄이면 시장은 확실한 청신호가 켜진 것이다.

충남은 천안과 아산을 주로 보면 되지만, 이곳의 신축 아파트는 너무 높은 벽이 됐고, 주변 구축 아파트들도 다 오른 상태다. 돈 없이 새로 진입하기엔 부담스러워졌다.

12.
충북

청주 오송지구가 개발 호재 덕에 법인투자자들이 많이 매수했다. 그 후 규제지역으로 묶인 후 한동안 시장이 조용했는데, 이렇게 청주의 아파트 가격상승은 끝날까?

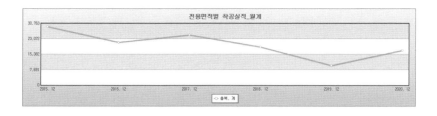

충북은 착공실적이 2019년까지 감소해 최저치를 찍고 2022년 입주 물량까지 적다. 2020년 5월에 바닥을 찍고 시장이 좋아지니 그래프

에서 보다시피 건설사들이 '이때다' 하고 착공을 다시 늘렸지만, 공급 과잉 수준은 아니다.

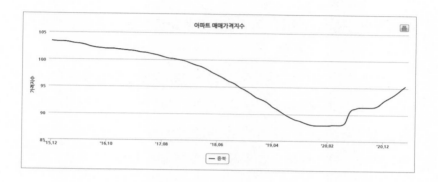

2020년 5월 이후 아파트 매매가격이 오르고 있으며, 이제 상승 초입으로 현재로선 2023년까지 상승세를 이어갈 것이다.

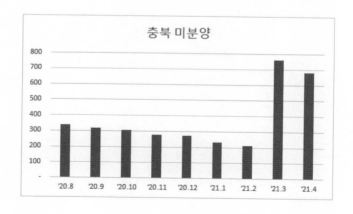

충북의 미분양 기준은 약 1000호다. 2021년 3월 청주의 미분양은 0인데, 충북 전체 미분양이 760호다. 진천군에서 2021년 3월에 미분양이 갑자기 크게 늘었기 때문이다. 지방 소도시는 입주가 나오면 시장이 빠르게 얼어붙을 수 있다. 초보라면 지방 소도시 투자를 조심해야 하는 이유다.

진천군에 미분양이 많지만, 2021~2022년에 입주 물량이 없어 시간이 지나면 해소될 것이다. 실제 2021년 4월엔 미분양이 전달보다 줄고 있다. 진천군 집값은 앞으로 약 2년간 좋을 수 있지만, 2023년에 입주 물량이 많아져 어떻게 될지 확실하게 예측하긴 어려워 투자를 권하진 않는다.

충북은 청주와 충주를 중점적으로 보면 된다. 청주는 이미 상승세를 탔지만, 아직 더 상승할 기간이 남았다. 그중에서 아직 덜 상승한 아파트에 주목하자.

13.
강원

2015년 춘천에 뒤늦게 투자해 하락을 경험해 손해 보고 매도한 수강생이 다시 이곳에 투자해도 되는지 물었다.

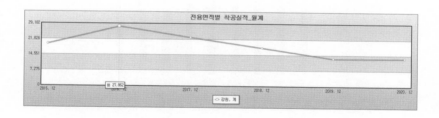

강원도는 2016년 이후로 착공이 계속 감소하며 앞으로 나올 입주 물량도 줄고 있다. 2022~2023에도 공급이 부족할 곳이다.

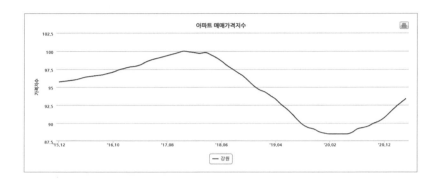

강원도는 2020년 5월에 바닥을 찍고 상승하고 있으며 앞으로도 계속 오를 것이다.

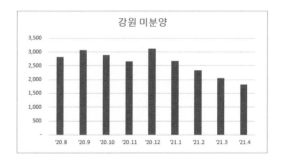

강원도의 미분양 기준은 약 3000호로, 2021년 3월 2063이다. 앞으로 3000호 밑으로 감소세를 계속할수록 집값은 우상향할 것이다. 당분간 미분양이 늘어날 일은 없어 보인다. 원주와 춘천을 중심으로 아직 상승하지 않은 곳을 위주로 접근하면 된다.

6

10년 차 전문가의 100% 성공 매매법

내 투자성향에 솔직해져라

아파트에 투자하고 싶다며 수강생 한 분이 나를 찾아왔다.

나　　　　투자하고 나서 바로 오르지 않고 몇 개월 몇 년이 지나야 집값이
　　　　　오를 수 있는데 그때까지 기다릴 수 있으세요?
수강생　　그럼요. 돈만 벌 수 있으면 얼마든지 기다립니다.

나는 시세차익 얻을 아파트를 하나 추천해주고 그는 순순히 투자
했다. 일주일이 지나고 나서 그가 찾아왔다.

수강생　　지난주에 매수한 아파트 가격이 아직도 오르지 않네요.
나　　　　네? 몇 개월 몇 년을 기다려야 할지도 모른다고 말했는데요.

기억은 하는데 요즘 뉴스에 보면 사고 나서 바로 몇천씩 뛴 곳들이 많잖아요. 왜 제가 투자한 건 영향이 없는지 좀 억울해서요.

당황스러웠다. 바로 수익이 나길 원했다면 아파트가 아니라 상가를 매수했어야 했다.

많은 내 의뢰인이 자기 투자성향을 무시하고 묻지마 투자에 나서는 경향이 많다. 대부분이 위 수강생과 나눴던 귀결로 가기 일쑤다. 느린 수익도 있다면 빠른 것도 있고 각각 장단점이 있는 법이다.

수많은 사람을 만난 결과 부동산 투자를 2가지로 나누면 편하겠다고 정리한 게 있다. 자신이 어디에 속하는지만 알면 조바심 내지 않고 투자에 임할 수 있다.

> **첫 번째. 바로 다음 달부터 월세 받는 월세 목적 투자**
> **두 번째. 양도해 수익을 내는 차익 목적 투자**

부동산을 추천하면서 항상 하는 말이 있다. "차익 투자는 오랜 기간 집값이 오르지 않을 수 있습니다"

귀에 못이 박히게 이 말을 되뇌는 이유가 있다. 당시엔 알겠다고 하던 그들은 대개 집을 사고 나서 매일매일 시세가 어떻게 변하는지 점검한다. 몇 개월이 지나도 집값이 오르지 않으면 내게 전화해 왜 집값이 오르지 않는지 따진다. 분명히 집값은 단기간에 오르지 않을 수 있고, 2년 뒤 매도 때 올라 있을 거라고 말했는데도 소용이 없다.

한번은 당장 월세를 받고 시세차익까지 원하는 의뢰인이 있었다. 상가는 요즘 공실이 많고 코로나로 위험하니 월세를 받아도 주택이 여러모로 나아 아파트를 추천했다. 역시 주의점도 당부했다.

"월세를 놓으면 월세를 받고 집값도 오르니 당장 좋을 수 있으나 나중에 매도할 때 전세가 낀 집보다, 팔기 힘들 수 있으니 이건 각오해야 합니다"

그분도 처음엔 알았다고 했다. 처음엔 월세도 받고 아파트의 이점으로 시세도 올랐다. 문제는 시간이 지나 시세차익을 누리고자 매도할 때 생겼다. 매수자로선 투자금이 크니, 전세 껴 있는 집보다 부담이 크다. 수요가 상대적으로 적다. 빨리 팔리지 않아 전전긍긍하던 그도 결국 내게 연락해 왜 집이 팔리지 않는지 물었다.

그래서 자기 투자성향이 어떤지 알아보는 일은 더욱이 햇병아리 투자자라면 중요하다.

투자 방법을 결정하는 두 가지 조건이 있다. 첫째는 여윳돈인지 아닌지. 둘째는 어느 정도 위험을 감수할 수 있고 큰 수익을 원하는지 반대로 위험을 극도로 싫어하고 은행 금리보다는 높은 수익을 원하는지다.

은퇴를 앞둬 생활비가 걱정되는데 목돈이 있는 중장년층이라면 월세 수익 투자를, 취직한 지 얼마 되지 않아 모아 둔 돈이 없고, 직장 소득으로 생활하면 되는 젊은 층은 시세차익 투자를 하면 된다.

소설 쓰는 습관이 중요하다

투자를 그르치는 요인 중 '일단' 유형이 있다.

수강생 *어디 아파트를 사면 될까요?*

나 *찍어드릴 수는 있는데 앞으로 득보다 실이 될 수 있습니다. 스스로 공부하고 생각해서 찾아야 하고 실패하더라도 얻는 게 많습니다. 누가 찍어줬는데 손해를 보면 어쩌실 거예요? 책임은 본인 몫인데.*

수강생 *네 알겠어요. 말씀마따나 공부하고 선택은 할 테니 일단 돈 벌 수 있는 아파트 하나만 알려주세요.*

문해력은 어린아이들의 문제만이 아니다. 공부하든 책을 읽든 비판하고 의심하며 읽어야 안목이 생긴다. 책을 썼다고 검증된 전문가로 착각하면 큰 오산이다. 최근 1인 출판사가 많아지면서 제대로 편집하지 않고 출간된 책들이 부지기수다.

내가 PIR을 배우고 나서 환희를 느꼈던 때처럼 한두 가지 투자법을 발견했다면 바로 실전에 돌입하지 말고, 모의 투자로 투자법이 맞는지 실험해봐야 한다. 이때 투자법이 맞지 않는다면 다른 방법을 접목해보고 재실험해본다. 얼마든지 실패하고 틀려도 부담이 없다. 나도 이런 시행착오 끝에 투자의 기준점을 세울 수 있었다.

그래서다. 혼자서 부동산이 앞으로 어떻게 될지 소설을 쓰는 연습이 큰 도움이 된다. 정부의 규제가 나왔다면 왜 내놨을지 규제로 건설사들은 앞으로 분양을 늘릴지 줄일지 그림을 그려보는 것이다.

예를 하나 들어보자. 중도금대출 규제가 시행되면 건설사들은 분양을 줄인다. 분양하려는 사람 수도 줄어든다. 건설사는 미분양 위험이 크다고 판단하면 분양하지 않는다. 시간이 흐르면 그곳은 공급 부족에 시달리게 된다.

만약 취득세 중과 규제 시행으로 부동산 시장이 어떻게 될지 생각해보자. 다주택자가 3주택일 때 집을 매수하면 취득세가 중과된다. 이들은 취득세를 크게 물면서까지 지방 부동산에 투자할 매력이 있을지 저울질할 것이다. 수익이 낮을 거로 판단한다면 이를 매수하지 않아 상승이 어려워진다.

경기도지사가 법인투자자들이 경기도에 집을 사지 못하도록 막았다. 이들은 경기도가 아닌 서울과 인천에만 투자할 수 있게 된다. 공시가격 1억 이하의 주택을 매수하면 중과에서 빠지니 이들은 공시가격 1억 이하인 집들을 찾을 것이다. 대부분 공시가격 1억 이상인 서울 주택은 일단 제외하고 인천을 보니 공시가격 1억 이하로 오래된 빌라들이 많다. 법인투자자들이 재개발 이야기가 나올 만한 노후도 높은 곳에 몰릴 거로 추론하면 수익이 보인다.

부동산 투자를 잘하는 사람들은 이렇게 뛰어난 소설가들이 많다.

2억씩 번 이야기

2019년 12월 부동산 시장이 잠시 주춤했다. 9·13대책이 터진 후 시장이 계속 얼어 있었다. 재건축·재개발, 고가 주택, 입지 좋은 아파트는 이미 다 올라 있었고, 사람들은 더는 투자할 대상이 없다고 입을 모았다.

당시 마포, 용산, 성동구 등이 최고 인기였지만 가격이 올라 투자는 마·용·성의 대안이 1순위가 됐다.

부동산 관련 책에서 절대 매수해선 안 되는 아파트는 다음과 같다.

❶ 언덕에 있는 (물병을 놓으면 굴러 내려가는)
❷ 역에서 접근성이 떨어지는
❸ 초등학교를 품지 않은
❹ 외곽에 있는
❺ 나 홀로 소규모 단지

재개발될 빌라
리모델링할 아파트

그러나 위 5가지에 해당하는 아파트가 서울에서는 모두 올랐다. 실거주 목적으로 아파트를 고른다면 위 5가지 조건 중에서 '나는 죽어도 언덕이 높아 다니기 힘든 곳에 살기 싫다'라면 사지 않는 편이 맞다. 그러나 투자용이라면 어떨까? 적은 돈으로 투자해 전세를 주고 집값이 오르기를 기다렸다가 팔면 그만이다.

다음은 2019년 12월부터 추천한 아파트들이다. 당시 이를 매수한 투자자들은 최소 2억 이상 수익이 났다. 서울 외곽이고 높은 언덕에 있어 당시엔 아무도 쳐다보지 않는 아파트였다. 지도상으로 우이신설역이 가까워 보이지만 실제 가보면 역에서 걸으면 언덕이 거의 등산 수준이다. 이 아파트에서 물병을 놓으면 정말 빠르게 굴러 내려간다.

'현대 힐스테이트 3차'는 그나마 역에서 가깝지만, 초등학교가 근처에 없고, '정릉e편한세상'은 역도 멀고 언덕인 데다가 초등학교도 근처에 없다. 오른쪽에 삼각산초등학교가 있지만, 이 아파트에 거주하는 학생들은 삼각산초등학교로 배정받지 못한다. 정릉풍림아이원 아파트는 초품아(초등학교 품은 아파트)지만 역에서도 멀고 언덕에 외곽에 자리 잡고 있다.

이 아파트들 추천했을 때 어떤 분과 나눈 대화가 생각난다.

지선   *서울에 투자금 1억 정도로 투자하고 싶은데 추천해주세요.*

나   *네. 서울에 아직 그 정도 돈으로 할 수 있는 아파트들 많습니다.*

지선   *정말요? 저는 아무리 찾아봐도 없던데.*

나   입지 좋고 비싼 곳만 보시니 그렇지 눈을 조금 낮춰 주변으로 돌려보면 얼마든지 있습니다.

지선   어디요?

나   강북구와 성북구에 있는 아파트들입니다.

지선   엥? 너무 외곽 아니에요? 저런 곳에 사람들이 살긴 하나요? 지도로 보니까 다른 아파트들에 비해 집값도 많이 오르지 않고 언덕이고 오래돼서 살기 불편하다고들 하는데요. 겨울엔 춥고, 여름엔 덥고, 층간소음도 심해서 살 곳이 못 된다고 하는데 이런 곳을 왜 추천해주시나요? 망하라고(웃음)?

나   추천한 아파트에서 사실 건가요? 투자용이라면 집값만 오르면 되지 않나요?

지선   전세도 살려고 하는 사람들 별로 없고 잘 안 나갈 거 같아요. 저라면 저런 아파트에 살고 싶지 않거든요.

나   실거주와 투자는 분리해야지 내가 살 곳처럼 투자처를 찾으면 절대 돈을 벌 수 없답니다.

지선   아무리 그래도 저런 아파트는 집값이 오르지 않을 것 같아요. 죄송하지만 저는 투자 안 할래요.

나   선택은 자유지만, 시간이 지난 후 이 아파트들 가격이 어떻게 되는지 꼭 한번 보세요. 집값은 크게 올라 있을 겁니다.

50명 중 45명은 내 말을 믿고 큰 수익을 봤다. 〈호갱노노〉에는 위 가격으로 나오지만, 당시 20평대는 3억 초중반, 30평대는 4억 초반일 때 많이 매수했다.

이때 이 아파트들을 주목했던 이유가 있다. 가격이 너무 싸서다. 서울에 있는 데다 선입견 탓에 오르지 않았으나, 부동산 상승장에서 이미 많이 오르고 비싼 아파트를 살 수 없던 실수요자들이 이 아파트로 올 수밖에 없다고 생각했다. 언덕에 있어 약간의 불편함이 있을 뿐 서울과 접근성이 나쁘지 않다. 현금이 부족해 입지 좋은 곳은 아니지만, 서울엔 살아야 하는 실수요자들이 많다.

또 6억 이상의 아파트에 대한 정부 규제로 6억 이하로 실수요자들이 많이 몰려올 거로 예상했다.

요즘도 다르지 않다. 집값이 많이 오르고 투자는 끝났다고 할 것이다. 선입견일 뿐이다. 지금이라도 시야를 넓혀 현재 싸고 많이 오르지 않았지만, 사람들이 몰릴 곳이 어딘지 생각해보자.

안목을 넓혀 투자 성과를 이끌려면 나와 같은 투자자들(법인 포함)이 어떻게 생각하고 행동할지 머릿속으로 그려봐야 한다. 그리고 정책이 나오면 잘 읽어보고 틈새가 분명히 생기는데 그 틈이 어디일지 연구하고, 선점해 두어야 한다.

내 집 마련하거나
투자할 마지막 시기

2017년 1월쯤 내 집 마련을 고민하는 친구와 이야기를 나눴다.

친구 나 이제 전세 계약 만기가 다가오는데 계속 전세로 살아야 할지 집을 사야 할지 고민이야. 과거보다 집값이 많이 올라 상투 잡는 것은 아닌지 두렵기도 하고. 총체적 난국이야.

나 내 집 마련이 목적이라면 지금이라도 빨리 매수해. 시간이 지나고 집값이 계속 오르면 정부는 규제를 더 강하게 내놓을 거야. 정부는 대출을 억제해 한도를 줄여 집을 사지 못하도록 할 거야. 지금 대출을 60% 받을 수 있는데 나중에는 받지 못할 상황이 생길지도 몰라. 지금 5억이라는 집값이 과거보다 많이 올라 비싸 보이지만, 몇 년 후 이 아파트가 9억으로 오를 가치가 있다면 지금 5억에 사는

것이 현명해.

친구   *아 그래. 남편과 상의해 봐야겠어.*

친구는 집을 사겠다고 했고, 2017년 1월 내가 추천한 서울 중구 중림삼성사이버빌리지를 5억 원에 매수했다.

지금 이 아파트 가격은 약 11억을 호가한다.

막 부동산에 관심을 가지고 투자를 시작해 보려는 사람들이 많이 가지고 있는 고민이다.

우선 내가 살 집을 마련하면 돈을 깔고 앉게 돼 투자에 나서지 못한다. 그렇다고 투자부터 하면 언제 돈을 모아 원하는 집을 살 수 있을지 막막하다. 가령 지금 보유한 돈에서 1억만 더 모으면 원하는 집을 매수할 수 있는데 정작 돈을 모으는 시점에 집값이 올라 2억이 더 필요하다면 부질없어진다.

만일 직장 생활을 하고 투자에 신경 쓸 여력이 없으며 내 집 한 채 마련하면 만족할 수 있겠다 싶고 부동산 시장에서 박탈감을 느끼기 싫다면 '내 집 마련'이 걸맞다. 이 한 가지를 빼면 모두 '투자'가 정답이다.

내가 부동산에 관심을 두고 공부하며 투자를 시작한 2012년도 수도권 부동산 시장은 하락장이었다. 이때 수중의 돈은 고작 1,200만 원이었고, 내 집 마련은 꿈도 꾸지 못했던 때다. 우선 투자로 방향을 틀고 대출을 많이 해주는 경매에 발을 들였다. 서울 반지하 빌라였다. 그렇게 투자부터 한 뒤 자산을 불리고 난 뒤 내 집을 마련했다.

사회 초년생도 마찬가지이지만, 막 부동산에 관심을 품고 현금도 별로 없다면 투자부터 하는 게 맞다. 위험자산이라고 할 주식이나 최근의 암호화폐보다 안전할뿐더러 수익도 크다.

현장에 가서

임장노트 적어가며 힘들게 발품 팔아 투자하던 때가 있었다. 지금이라면 코로나에 걸리기 딱 좋다. 앞서 온라인에서 투자처를 찾는 손쉬운 방법을 알려줬다.

먼저 관심이 있는 지역과 아파트를 선택했다면 지도로 그 주변 환경을 보자. 잠깐! 병아리 투자자라면 여기서부터 고민이 된다. 차를 끌고 가야 할지 대중교통을 타고 가야 할지 걱정이다. 어떤 책에서는 대중교통, 또 다른 책에서는 지하철에서 내려 현장까지 도보로 얼마나 걸리는지 점검하라고 가르친다.

현장 갈 때는 편하게 자가용을 이용해도 된다. 차로 이동한 뒤 주차하고 나서 지하철역까지 도보로 걸어가면서 얼마든지 시간을 잴 수 있다. 역에서 집까지 오가는 사이 혐오시설은 없는지 먹고 마실 편의

시설들은 얼마나 있는지 확인한다. 주변 환경은 온라인상 지도의 '로드 뷰' 기능 등으로 다 확인할 수 있으니 현장에서는 확인 차원이다.

그다음 관심 있는 집 주변을 한 바퀴 돌며 해는 잘 드는지 동 간 거리는 넓은지 향은 어떤지 도로와 가까이 있다면 소음은 큰지 등을 확인한다. 그 후 중개소에 들어가서 중개사에게 "이곳에 관심 있는데 적은 돈으로 가능한 물건 있나요?"라고 물어보자. 그럼 중개사가 "얼마짜리 찾으세요?"라고 물을 것이다. "3천만 원으로 할 물건 원해요"라고 답하면 된다. 있으면 함께 둘러보고 해당하는 물건이 없다면, 다른 중개소에 가면 된다.

중개소는 몇 개까지 가는 게 정답일까? 중개소 소장마다 매물 보유 능력이 제각각이다. 만일 많은 매물을 확보한 중개사라고 생각되면 굳이 많은 중개업소에 들를 필요는 없다. 중개소마다 공동 중개를 많이 하니 한 곳에서 해결하면 된다. 3개 정도에 들어가 보면 그중 한 곳이 그럴 확률이 높다.

시세 조사만 하고 갈 사람처럼 행동하지 말고 진짜 투자할 사람임을 각인시켜야 중개사도 친절하게 응대한다. "저 진짜 집 투자할 사람입니다"라고 한마디 거들자.

중개사와 집을 보러 가서 해야 할 일은 하자 여부다. 매수 시 어디를 수리하고 돈이 들어갈지 확인하는 과정이다.

첫째. 집 전체 천장을 보자. 천장이 얼룩덜룩하거나 거뭇거뭇한 게 있으면 누수 흔적이니 중개사에게 왜 그런지 점검해 달라고 말한다. 과거 윗집에서 누수가 있었지만, 현재 괜찮다면 문제없다. 해당 누수의 책임은 윗집이니 걱정하지 않아도 된다.

다음으로 결로나 곰팡이 확인이다. 결로가 심한 집에 가서 왜 그러냐고 물어보면 보통 '거주자들이 겨울에 환기하지 않아서'라고 말한다. 정말 문을 꼭꼭 닫아 둔 채 환기를 하지 않으면 결로나 곰팡이가 생길 수 있으나 그렇게 해도 결로나 곰팡이가 생기는 하자 있는 집들도 있다. 10개 중 1개 정도에서 이런 하자가 보인다. 이런 집은 유보한다.

세입자가 살다가 결로가 생기는 집이면 전세 기간 다 채우지 않고 나가는 사례가 많다. 나중에 매도할 때도 결로, 곰팡이 있는 집은 제일 나중에 팔리거나 제값을 못 받을 때가 발생한다.

둘째. 발코니 천장에 물방울이나 검은 게 있는지 보자. 섀시와 창문 쪽 천장을 살펴보면 된다. 이곳에 결로나 곰팡이 없이 깨끗하면 하자 없는 집이니 안심해도 좋다.

셋째. 보일러 수명을 확인한다. 보일러의 수명은 약 10년이다. 매수하려는 집의 보일러가 10년이 넘었거나 오래됐다면 매수한 뒤 교체해야 할 수도 있다. 물론 보일러 교체비는 추후 매도 시 공제되지만, 자기 돈이 투입되면 찝찝할 수 있으니 매수 전 점검한다.

넷째. 수리가 어느 정도 됐는지 알아본다. 올 수리가 됐다면 어느 정도 수준인지 확실히 하는 게 좋다. 사람마다 집주인 말과 내 기준이 다를 수 있다. 사전에 점검 리스트를 만들어 가면 편하다.

도배와 장판 / 조명 / 화장실 수리 여부와 문과 문틀의 필름 작업 상태 / 섀시 / 싱크대와 신발장 / 디지털도어락, 비디오폰 / 수납장 등이다.

보통 수리 여부나 고장 등을 확인하고 중개소에 와서 이런 트집을 잡아 집값을 깎는 데 이용하라는 조언도 있는데 시장 상황에 따라 다르다. 매도 우위 시장일 때는 불가능하다. 집에 하자가 있으니 집값 좀 깎자고 하면 집주인은 기분이 상해 팔지 않겠다고 변심할 수 있다.

집 가격을 조금이라도 에누리하고 싶으면 읍소가 좋다. "이 집이 정말 마음에 드는데 아까 보니까 어디 어디 수리해야 할 거 같다. 집 사는 데 부대비용까지 다 하면 돈이 부족하니 깎아 주시면 안 되겠느냐?"라고 부드럽게 말하는 게 훨씬 효과적이다.

다섯째, 거실에서 바깥을 보고 향은 어떻고 해가 잘 드는지 확인한다. 우리나라 사람들은 향을 중시하고 해가 잘 드는 쪽을 좋아한다. 북향과 서향의 집은 피한다. 전세를 놓거나 매도할 때 가장 나중에 팔리기 쉽다. 뷰가 좋고 앞이 탁 트이면 좋다.

여섯째, 빌라에 산다면 엘리베이터가 없는 경우 맨 꼭대기 층은 피하는 게 좋다. 젊은이들도 엘리베이터가 없으면 꺼린다. 최상층은 누수 위험도 크고, 매도 때 잘 사려고들 하지 않으니 웬만해선 선택하지 않는 편이 좋다.

물론 예외는 있다. 가령 재개발 가능성이 큰 곳의 노후주택이나 전세가가 주변시세보다 낮으면 세입자가 들어온다. 또 재개발 이야기가 나와서 다른 층보다 가격이 낮다면 투자자들은 기꺼이 매수한다.

일곱째, 지하는 금물이다. 재개발 가능성을 보고 썩빌에 투자할 때 반지하가 지상층보다 싸서 관심들을 둔다. 재개발을 노린다면 반지하도 괜찮지만, 이 때문에 발생하는 문제들을 감수해야 한다. 세입자에게서 자주 연락이 오니 친해질 각오 정도는 필수다.

재개발 이슈가 없을 빌라의 반지하는 피한다. 현금이 부족해도 사람들은 잘되는 전·월세 대출 덕에 더는 반지하에서 살지 않는다.

또 반지하는 전세나 월세뿐만 아니라 매매도 잘되지 않는다. 살아본 사람은 알겠지만, 장마철에나 비가 많이 오는 날에는 평소와는 달리 땅에서 습기가 올라와 축축하고 곰팡내가 난다.

현장에 가서 위에 나열한 정도만 조사하면 충분하다. 빠른 현장조사에 이은 빠른 실행(매수)력이 우선이다.

현장 조사로 주변 환경에 집 내부도 확인했다. 중개소로 내려와 당장 그 자리에서 집주인과 협상한 뒤에 가계약금이라도 걸고 오는 게 좋을지 한 번 더 생각해보고 결정할지 고민될 수 있다.

매물이 많다면 급할 게 없겠지만, 매도 우위 시장으로 물건이 귀할 때는 먼저 가계약금을 넣은 사람이 임자가 된다. 이런 난처한 상황을 피하고 싶다면 먼저 부동산 시장 상황을 살펴봐야 한다. 상승장이 지속해서 매물이 희소할 때는 현장 조사 전 매수할지 말지부터 정하고 가는 편이 좋다.

5억에 나온 물건을 보고 바로 결정짓지 못한 채 다음 날 전화해서 알고 봤더니 다른 사람이 낚아챘다면, 다음에 그 비슷한 물건은 5억을 웃돌게 돼 있다.

로열 동, 로열 층 물건은 거의 종적을 감췄다. 저층 물건이나 향이 안 좋거나 하자가 있는 물건만 있다면 특히 초보일 때 난처하기 그지없다. 나중에 매도가 잘될지 걱정이 앞서는 이유에서인데 이때 중요한 점은 매도 시 그 지역 시장 상황이다. 물론 로열 동, 로열 층, 올 수리 물건과 비선호 매물이 경쟁할 경우 전자가 먼저 팔리고 난 뒤 이들로 넘어올 가능성을 염두에 둬야 한다. 하지만 부동산 시장이 좋고 매수자들이 많은 장이라면 못난이 물건이라도 잘 팔린다. 로열동, 로열 층보다 싸게 샀으니 팔 때 약간 가격을 낮춰 팔면 된다.

아무리 1층 또는 향이 안 좋은 아파트라도 공실인 경우는 거의 본 적이 없다. 가격만 적절하다면 매매든 전세든 집주인은 나타난다.

저층을 선호하는 수요도 분명히 있으니 매물이 없다면 이것저것 따지지 말고 빨리 매수하는 게 맞다. 찬밥 더운밥 가릴 때가 아니면 찬밥이라도 먹는 게 이익이다.

계약서 작성, 전세 놓기, 중개수수료

　가격을 협상하고 가계약금을 넣었다면 보통 일주일 내로 서로 협의해 계약서를 쓴다. 경험과는 달리 계약서 작성일, 계약금액, 중도금 여부와 날짜, 잔금일 등은 법으로 정해진 바가 없다.

　계약서를 작성할 때 매수자는 꼭 본인이 아니라 대리계약도 가능하다. 매도할 때는 반드시 집주인 인감도장이 필요하지만, 매수할 때는 막도장을 파서 써도 무방하다. 중개소에 가면 막도장 만드는 기계가 있으니 부탁하면 뚝딱 만들어 준다.

　법인투자자들은 매수, 매도 시 직접 오지 않고 중개사에게 서류만 보내 계약을 체결하는 게 일반적이다.

　계약서를 한 번도 작성해보지 않은 초보라도 중개사를 끼고 매수할 경우 크게 걱정하지 않아도 된다. 매도자 본인이 나와 계약하는지

주민등록증만 잘 확인하면 사고가 발생할 일은 거의 없다. 중개사가 등기사항증명서를 보여주는데 등기사항증명서와 주민등록증을 비교해보고 본인이 맞는지 확인하면 되고 나머지는 중개사가 하라는 대로 하면 된다. 그래도 불안할 때는 휴대전화로 음성녹음 해놓자.

매수 시 준비물은 보통 신분증, 도장(막도장 가능), 계약금이다. 갭 투자라면 매수할 때 현금을 다 주는 게 아니라 매수와 동시에 전세를 구해 세입자가 들어오는 날짜에 맞춰 잔금을 치르는 방식으로 많이 진행된다.

매수 계약서 작성 때 세입자 구하는 시간이 필요해 보통 2~3개월 길게 잔금일을 잡아야 하고, 세입자가 잔금일보다 일찍 들어온다면 앞당길 수 있다. 이 기간도 협의로 정한다.

매수 계약 때 잔금일은 최대한 길게 잡는 것이 좋다. 그 잔금일을 앞당길 순 있으나 연장은 불가능하다는 점을 유의하자.

매수 계약과 동시에 중개사가 그 집을 전세 매물로 내놓고 집을 보여주면서 최대한 잔금일을 맞추도록 해주니 걱정하지 않아도 된다. 이때 전세에 대한 중개 수수료를 받을지 아닐지는 중개사마다 다르다. 매매와 전세 수수료를 각각 다 받거나 전세 수수료를 반만 받고 받지 않기도 한다. 계약 전에 중개사에 물어보는 편이 나중에 서로 편하다. 나중에 양도소득세 계산 시 전세 수수료는 매매 때와 달리 공제되지 않는다.

"매매수수료는 한 푼도 깎지 않을 테니 전세는 그냥 놔주세요"라고 협의하는 것도 한 방법이다.

중개수수료는 중개사가 원하는 대로 다 주지 않아도 된다. 초보는 다 줘야 하는 줄 알고 또 알더라도 깎아달라고 말도 못 꺼내는 사람들이 대부분이다. 자세히 말하면 깎는 것은 아니다. 수수료는 중개사와 협상해서 정하는 것이지 중개사들이 요구하는 돈을 다 줘야 한다는 원칙은 없다.

욕심이 많은 중개사를 만나면 협상도 없이 다 받으려고 한다. 이때 수수료 못 주겠다고 하면 내용증명에 민사소송까지 걸기도 한다. 하지만 이건 어디까지나 민사사건이다. 그 중개료 안 준다고 쇠고랑 차지 않는다는 말이다.

중개수수료는 중개사가 계약을 성사시키는 과정에서 얼마나 노력하고 기여했는지에 따른 보상이다. 하는 일 없이 딸랑 집 한두 번 보여주고 집값도 하나도 깎지 못한 중개사에게 최대한도의 보수를 다 줄 필요는 없다.

"집을 매수했는데, 중개사가 법정수수료 이상으로 중개료를 달라고 하는데 어쩌죠? 중개사가 자신들이 달라는 중개료를 안 주니 내용증명을 보냈어요." "내용증명에 답을 안 하니 소송까지 건다고 하고 실제 민사소송을 걸었는데 어쩌죠?" 같은 수수료 문제로 고민을 호소하는 사례가 은근히 있다.

관행이라며 수수료를 많이 요구하거나 불법이지만 법정수수료보다 더 달라고 강요하는 중개사들이 간혹 있는데 결론부터 말하면 줄 필요 없다. 법정수수료는 상한액으로 그 이상을 주지 않아도 된다는 뜻이지 그 상한액까지 꼭 채워서 줘야 한다는 의무가 아니다. 실제 악덕이 아니더라도 상한률까지 다 받아야 한다고 착각하는 중개사도 많다.

만일 중개사가 터무니없는 중개료를 요구하거나 내용증명까지 보내 겁박할 때는 무시하고 찢어버려도 괜찮다. 내용증명은 그저 압박용일 뿐이다. 내용증명에 답을 하지 않아 실제 민사소송까지 가는 불상사가 발생할 수도 있으나 최악이라도 상대가 원하는 금액만 주면 끝이다. 여전히 소송과 고소를 감방과 연관해 생각하는 경향이 있는데 수수료 분쟁은 민사소송 사안이다.

이처럼 자신 있게 말할 수 있는 건 여러 번의 경험 덕분이다. 서울에서 아파트를 매수했을 때 일이다.

쌍용 아파트를 매수해서 전세를 구하는 데 참석하지 않았다. 매수할 당시 중개사는 전세 수수료는 받지 않겠다고 했다. 시간이 지나도 전세는 나갈 기미가 없고 나는 초조해 중개사에게 왜 전세가 나가지 않느냐고 물었다. 그러자 중개사는 다른 중개소에도 매물을 내놓으라고 했다.

전세를 다른 중개소에 내놓으면 예정에 없던 중개료를 더 줘야 하기에 포기하고 집을 되팔아 달라고 했다. 시간이 지나 매수할 사람이 나타났는데 황당하게도 중개사는 매수와 매도를 동시에 하니 중개료를 두 배로 달라고 요구했다.

나는 그렇게는 줄 수 없다고 맞섰고, 그렇게 다투다 차후 그 중개사로부터 내용증명을 받았다. 자신이 원하는 돈을 주지 않으면 소송을 걸겠다는 내용이었다. 그 후 진짜 민사소송을 걸었고, 나는 반론을 써 법원에 제출했다.

결국 변론기일에 그 중개사는 법원에 나타나지 않았고 그렇게 사건은 종결됐다. 내용증명과 소송은 누구나 인터넷으로 쉽게 할 수 있다. 소송해놓고 실제 행동하는 사람은 많지 않다. 평일에 영업을 제쳐놓고 법원에 출석할 중개사가 과연 얼마나 되겠나?

법정 중개료는 다 줄 필요가 없으며, 만일 그 이상을 요구하면 중개사 이름으로 된 계좌로 돈을 보내라. 나중에 구청에 신고하면 중개사에게 행정처분까지 줄 수 있다. 홈택스에 신고하면 법정 이상으로 낸 수수료는 돌려받을 수 있고 현금영수증을 발급받지 못했다면 포상금도 받는다. 간혹 다른 계좌로 입금하라고 하면 꼭 녹음이라도 해두자.

가계약금은
돌려받을 수 있다

덜컥 가계약금으로 1천만 원이나 입금했는데, 마음이 바뀌어 돌려 달라고 했더니 못 주겠다며 이른바 '배째기'를 하더라는 사연을 종종 접한다.

초보라면 물건이 귀하다는 중개사 말만 곧이듣고 다급한 마음에 가계약금을 넣는 일이 흔하다. 계약의 경우라면 매수인이 계약을 포기할 때 계약금을 받지 못하거나 매도인이 계약을 원하지 않을 때 배액 배상을 하는 게 원칙이다.

가계약금에 명확한 규정은 없지만, 결론부터 말하면 만일 가계약 금으로 500만 원 넣고 계약서 작성일 약속만 잡았다면, 매수인의 경우이 금액은 돌려받을 수 있고, 매도인은 배액 배상 없이 해당액만 돌려 주면 된다.

그럼 매수자는 가계약금만 넣은 채 언제 계약이 해지될지 모르는 불안한 시간을 보낼 수 있는데 해결책은 있다. 가계약금을 넣기 전에 계약과 비슷한 형태의 문자를 써서 중개사에게 요구해 서로 주고받으면 된다. 정해진 양식은 없으나 대체로 아래 형식이면 충분하다.

❶ 주소, 동 호수(ex. 정자동 100 00 아파트 103동 501호)
❷ 매매대금(ex. 5억)
❸ 계약금 지급일, 잔금 지급일자 명시
❹ 인도 일자(ex. 5월 6일)

이렇게 작성한 문자를 중개사가 매도인과 매수인에게 각각 보내고 서로 동의한다고 답문을 받으면 계약과 똑같은 효력을 낸다. 변심하면 매수인은 계약금 포기, 매도인은 배액 배상을 해야 한다.

예를 들어, 집주인에게 매수인으로서 가계약금 500만 원을 넣었다고 하자. 그런데 마음이 바뀌어 집을 사고 싶지 않게 됐다. 이때 위와 같이 서로 문자를 주고받았다면 입금한 500만 원을 포기해서 계약이 해지되는 게 아니다.

계약금이 3천만 원이면 가계약금 500은 이미 줬고, 나머지 2천5백만 원을 집주인에게 더 줘야 한다.

매도인도 집값이 더 오를 것 같아 계약을 해지하고 싶으면 받은 가계약금 500만 원과 자기 돈 500만 원만 돌려준다고 끝이 아니다. 가계약금 500은 매수인에게 그대로 돌려주고 그에 더해 계약금 3천만 원을 매수인에게 줘야 계약이 취소된다.

위 예처럼 매도인과 매수인이 서로 문자를 주고받지 않고 가계약금만 계좌로 주고받았다면 가계약금은 돌려받을 수 있다.

돈 벌 기회 또 놓치지 마라

2021년 이후 부동산 시장은 차별화, 양극화가 심해질 것이다. 강남 신축 아파트, 재건축 고가 주택은 현금 부자들만의 리그다. 정부 규제로 강남 4구에 새 아파트 인허가가 줄어 공급이 수요보다 턱없이 적어져 희소성이 떠올라 집값은 상상 이상으로 오를 것이다.

그에 반해 현금이 부족하고 대출이 어려운 사람은 저가(싼) 주택으로 몰려 오래된 빌라나 지방의 싼 아파트 가격이 오를 것이다. 무주택자에 대한 규제 완화로 수도권에서 신혼부부들이 매매가 9억 이하 직장과 접근성(직주근접)이 좋은 지역의 아파트를 중점적으로 매수할 텐데 대출금, 금리, 한도 규제 탓이 크다.

다만 무주택자나 내 집 마련을 하는 신혼부부들을 위한 규제는 계속 완화된다. 투자자는 무주택자들이 앞으로 매수할 아파트에 투자해 시간이 지나 이들에게 매도하는 것을 목표로 하면 된다.

지방 공급은 2018년 이후로 많이 감소했다. 취득세 중과로 원래 나와야 할 분양이 시기를 놓쳐 공급 부족을 장기화해 집값이 오를 것이다. 특히 2021년과 2022년 초가 절호의 기회다.

전국의 부동산 시장은 상승 후반기로 가면서 단기투자를 노리는 자들에게 돈 넣고 돈 먹기의 장이 된다.

돈이 적게 들고 공시가 1억 이하 그리고 앞으로 새 아파트가 될 기대감을 지닌 재개발·재건축·리모델링 이야기가 나올 만한 곳의 썩빌, 썩연(오래된 연립주택), 리모델링 그리고 가로주택정비사업 집값은 더 주목받고 오를 것이다.

법인투자자에 대한 규제가 강해졌지만, 저가 주택을 매수해 단기매도하는 경우 양도세에서 법인이 개인보다 여전히 유리하다. 법인세나 월 유지비용만 부담하면 되므로 법인투자자는 앞으로도 줄지 않고 수익이 날 곳을 찾아 투자할 것이다. 이들이 멈추지 않고 집을 매수하는 한 부동산 상승은 끝나지 않는다.

2021년 한 해는 이미 주택을 보유한 사람은 자신이 소유한 집이 못난이(15평 미만, 재건축 가능성 없는 아파트, 재개발 가능성 없는 그냥 빌라)가 아니라면, 집값이 오를 것이다. 고가 주택 소유자나 소득 없는 고령자들에겐 종부세 세금이 버겁겠지만, 집값 상승 폭이 더 커 버티는 게 낫다.

수도권 투자자에게 추천하는 앞으로 최적 포트폴리오는 다음 3가지다.

❶ 서울 수도권에 똑똑한 한 채

❷ 일시적 2주택 비과세

❸ 1주택+1입주권

이제는 수익률보다 최대한 비과세 조건에 맞춰 수익금을 크게 만드는 게 제일이다.

그 외 법인으로 지방 저가 아파트를 적은 돈으로 여러 채 투자해 단기매도로 수익을 내는 방법이 있다.

자금이 부족해 수도권에 똑똑한 한 채를 보유하기 어렵다면 씨 흩뿌리기가 대안이다. 서울 곳곳에 작은 씨앗을 뿌려두고 그중에 하나라도 잘 자라기를 바라는 방법이다. 수도권에서 재개발 이야기가 나올 만한 곳의 '썩빌 갭 투자'가 대표적이다.

이런 투자는 보유세가 낮아 종부세 부담이 아파트보다 상대적으로 적고, 매매가격이 아파트보다 싸서 취득세와 중개료도 낮다. 매수하는 집이 공시가격 1억 이하면 법인이나 다주택자도 취득세 중과에 해당하지 않고, 재개발 이야기가 나오면 투자금 대비 수익이 크다.

부동산 투자 키워드는 '실수요자들이 원하는 집 중 싼 것', '법인투자자들이 몰릴 만한 돈 적게 드는 공시가격 1억 이하'다.